全民阅读书香文丛

书丛人影

韦泱 ◎ 著

上海科学技术文献出版社

图书在版编目（CIP）数据

书丛人影 / 韦泱著 . —上海: 上海科学技术文献出版社，
2017

（全民阅读书香文丛）

ISBN 978-7-5439-7330-5

Ⅰ . ① 书… Ⅱ . ① 韦… Ⅲ . ① 读书笔记—中国—现
代 Ⅳ . ① G792

中国版本图书馆 CIP 数据核字 (2017) 第 035620 号

责任编辑：胡欣轩 王茗斐
封面设计：许 菲

丛书名：全民阅读书香文丛
书 名：书丛人影
韦 泱 著
出版发行：上海科学技术文献出版社
地 址：上海市长乐路 746 号
邮政编码：200040
经 销：全国新华书店
印 刷：昆山市亭林印刷有限责任公司
开 本：787×1092 1/32
印 张：7.125
字 数：125 000
版 次：2017 年 3 月第 1 版 2017 年 3 月第 1 次印刷
书 号：ISBN 978-7-5439-7330-5
定 价：25.00 元
http://www.sstlp.com

目 录

中辑　怀人之什

下辑　书话之絮

《书丛人影》序

◎ 朱金顺

　　放在我书桌上这部书稿《书丛人影》，是韦泱先生将要出版的大作。我们虽然"缘悭一面"，但通信、联系也有十年了。二〇〇九年夏天，我收到了他惠赠的大著《人与书渐已老》，丁景唐先生在《诗友和文友》序言中告诉读者，这是作者"第一本书话集"。此后七年内，我先后收到他赠送的大著四本：《跟韦泱淘书去：淘书日记精选》《纸墨寿于金石》《旧书的底蕴》《淘书路上：淘书札记精选》。七年出了五本书（也许还有我不知道的），可谓丰收，我祝贺他。

　　古时候，文人在自己藏书上常写些题跋、藏书记、新文学书话，该是继承了这个传统。在 20 世纪 30 年代，先有阿英写了《鲁迅书话》，后来唐弢则以自己所藏新文学版本，用晦庵这署名，在报刊上发表书话。新中国成立后继续写，20 世纪 60 年代出版了《书话》一书。叶圣陶先生称赞他写新文学书话，说是"开拓了版本学的天地"。近三十年，写书话的较多，很走俏，被读书界接受。但我以为它是有体类的，并不像有的学者说的，关于书的话就是书话。书话如果那样界定，恐怕就没有这种文体了。我以为书话中要有版本知识，要有相关的掌故，还要有些散文的因素；它不是书评，也不是史料考据或新书介绍。读《书丛人影》，好像韦泱先生同意我这观点，全书厘为三辑，仅下辑才是"书话之絮"呢！另外两辑，照我看是人物速写，作者两三千字，写一位文化老人或作家朋友，用墨不多，肖像却跃然纸上。

京沪两地为全国的文化中心，如今健在的文化老人不少。在上海，韦泱先生多年来关怀他们，与多位有交往，还帮他们做事，极为难得。在《彭新琪：她牵挂老姐妹》中，作者记述了帮助七位老作家编辑《七人集》往事，文字不多，真切感人。行文至此，我想到一件书中没写的事，也插上几句。陈梦熊，一位著名的鲁迅研究专家，长于史料考据，因与我有同好，赠书时称我为老友。记得五十年前我毕业不久，就在《文汇报》上读他为《鲁迅回忆录》正误的文字了。陈先生晚年因病已不能伏案的时候，还出版了最后一部著作《终研集》，为"上海老作家文丛"的一种。这可全是韦泱的功劳，陈先生在《终研集》的口述《后记》中说："这部书能顺利出版，得助于忘年交韦泱先生，从搜集编目，到校对联络，都是他为我操办的，在此由衷地表示深深谢意"。2013年冬天，我收到韦泱兄寄赠的《终研集》，看着陈兄这些搜集起的考据性短文，读着陈兄口述的《后记》，感触良多，韦泱真是做了一件大好事！《书丛人影》中没写此事，但读读第一辑"书人之影"，看看多年来韦泱对多位文化老人的关爱，他为他们的热心服务，我是很感动的。

如今我年纪大了，已无力"跟韦泱淘书去"了。但有十多位年轻的书友，常把他们考据性、书话类的著作寄给我，我们并不相识，有的并没通过信，大约是志趣相投、寻求知音吧！因为我多年研究新文学史料，也发表这类的文字。韦泱先生也是其中的一位，但他的情况有些不同，十多年前我们通信、互相赠书，是前辈学者丁景唐先生介绍的。五十多年前与丁先生相识，后来按他治学的路子研究新文学史料，丁先生说我是他当年在高校的三个小朋友之一。多年来，丁先生关心我的治学，他自己的著作或编印的书，总不忘赠给我，手边有了什么好书，也会寄来送我参考。丁先生进入耄耋之年后，给我寄书等杂务，均由韦泱兄代劳。每次我收到邮件，既感谢赠书人，也感谢寄书人。

我很少为友人的书写序言，虽说是序无定法，好像怎么写都行，很自由，没有一定的程式，但我总怕因自己的序不好，影响人家的著作。今年七月的一天，我突然收到了韦泱先生《书丛人影》的稿本，说要写序。当时我不敢接受这任务，想想他送的大著，很有一些是前辈学者作序；对此序言，我该婉拒。过后想想我们的友谊，此序必须写，于是拜读书稿、清理思路，写以上这些话交卷。是也，非也，请方家指正！

二〇一六年九月二日于北京师范大学

丽泽区之寓中

上辑　书人之影

罗洪："烹饪亦兼清腴之美"

　　那年，罗洪出版三卷本的《罗洪文集》，嘱我去取书，自然兴奋不已。年届九十六岁的罗洪先生，自十年前丈夫朱雯离世，一直独住，一个来自松江同乡的保姆林阿姨照料其日常生活。

　　暇时，我常趋罗府拜见，聊些往事。有时谈得兴起，竟至中午而不觉，罗洪便要留饭，我亦顺水推舟，将未完的话题移到餐桌上。谈过文学，就自然谈起饮食起居。罗洪曾撰文说，对饮食向不讲究，有啥吃啥，以蔬菜为主。如今餐桌就在面前，眼见为实，便想，大作家的菜碟亦实在平常。两样蔬菜，一只河虾炒蛋，再加一碗番茄毛菜汤，仅此而已。餐毕，给我的感觉是清淡爽口，时鲜干净。是真正地道的"家常菜"。那次，一碗葱爆蚕豆，炒得碧绿生青，味道好极。跟随罗洪十多年的保姆对我说，烧菜都是阿婆教的。什么菜，怎样烧，该放些香菇，或洒些料酒，罗洪动口不动手，一一给予悉心指导。

其实，罗洪的下厨一绝，早得大学者钱锺书的赏识。民国年间，朱雯夫妇与钱锺书夫妇常相往来，双方曾有"得了翻译稿费请客"的约定。朱雯翻译雷马克的《凯旋门》，由巴金主持的文化生活出版社出版后，便邀钱先生夫妇来家作客小酌。罗洪亲自操觚，令"好小吃"的钱锺书大快朵颐。以至数日后，钱先生还在信中赞不绝口："嫂夫人洗手作羹，馀甘当在口也。嫂夫人文字既妙，烹饪亦兼清腴之美，真奇才也！"此信被平襟亚于民国三十八年编入《作家书简》，由万象图书馆出版。我捧读纸张已泛黄的斯书，隔着岁月的烟云，以体味钱老美食后的愉悦心情。

罗洪有如此锅台功夫，实为生活所逼。上世纪四十年代，上海成为"孤岛"，罗洪带着家眷，与友朋十余人，从上海迁徙至桂林，绕道屯溪，历时数月。一路上既要照料三个不谙事的孩子，又要担当买汰烧的重任，慢慢将掌勺技能打理得像模像样。这样的手艺，就一茬茬传给了保姆，形成了"罗式菜肴"的独特口味。

罗洪三十年代走上文坛，是煮文烹字的行家里手，出版长篇小说《孤岛岁月》《春王正月》，及《儿童节》等十多部短篇小说集，毕生从事教师与编辑两个职业。忙里偷闲写作品，至今笔耕不辍，近期有《罗洪散文》

问世，又在撰写短篇小说新作。她余生最大的心愿，能将全部作品按长篇小说、短篇小说、散文随笔结集出版三卷文集。为此，在盛夏酷暑季节，亦马不停蹄整理旧作，编写目录。她说，时下出版文集虽难，但准备工作总该先做起来。以致劳累过度，常常失眠，血压升高。如今，文集出版权了却了她一桩心事。一位高龄女作家，老骥伏枥的勤勉精神，令后学晚辈颇觉汗颜，视为效法的楷模。

一天，我对罗洪说，我陪您一起过生日吧。我与罗洪同月同日生日，若按中国十二生肖计，罗洪大我整整四轮，岁数足足翻我一番。罗洪听后，笑着用松江乡音说，真的介能巧啊。于是，借着"蹭饭"的难得机会，佐着可口的饭菜，我仿佛在聆听老奶奶讲那过去的事情。静静地，缓缓地，如汲甘霖，如沐和风，且受益良多。

峻青：第一部作品《马石山上》

前时，上海召开著名老作家峻青先生创作七十周年研讨会。峻青的文学创作体裁涉猎广泛，但小说无疑是他最大的创作成就，在长、中、短几种小说形态中，短篇小说尤显突出。他在上世纪五十年代创作的《黎明的河边》等名篇，人们至今耳熟能详。而我要谈的，却是他创作时间更早的一篇作品，叫《马石山上》。

峻青本名孙峻卿。一九二三年初冬出生在山东胶东半岛海阳县西楼子村，童年时代在村塾读过几年书，四书五经的诵读，以及母亲给他讲解古诗，为峻青打下了文化基础。后为生计所逼，辍学到一个小财主开办的工场做童工。可在这个东家里，有个爱好文学的女儿，阅读的新文学作品有鲁迅、郭沫若、茅盾等，这使年幼的峻青深感新鲜不已。他为东家打扫书房时，有时就悄悄地在腋下塞入一、二册，晚上等伙伴们入睡后，在昏暗的煤油灯下偷偷阅读，第二天一早，又把书悄悄放回原处。

不久，抗日的烽火燃到胶东半岛。强烈的爱国心，吸引着幼小的峻青走进了八路军的队伍。在前线，在敌后，他做过教育工作、民运工作，更多的是做前线记者，直接参加了大大小小的战斗。

一九四二年，日寇对胶东半岛又一次展开大扫荡，峻青所在地区有一个八路军班，与几千群众被围困在马石山上，周围是两万多日伪军队。如果当晚冲不出这包围圈，天一亮，山上的人都无法生还。八路军带领群众杀出重围后，突然发现还有一部分群众没有冲出来。他们再次回到山上，掩护最后一批群众冲出去。此时天已大亮，他们自己重陷敌军的包围，打得只剩下四个战士和一颗手榴弹，最后，他们抱在一起，拉响了手榴弹……

这样的战士壮举，深深烙在峻青的脑海中。作为深入乡村，开展民众教育工作者工作的峻青，在冲出重围的当晚，"含着激动的泪水"写出《马石山上》。可惜，时过境迁，如今我们已看不到当初第一稿《马石山上》的文字了。我现在能阅读到的《马石山上》，是峻青"一九五一年八月修改于汉口"的第二稿文字。他将这篇修改稿，与另两篇抗战题材的作品合为《马石山上》一书，由武汉通俗出版社出版于一九五二年九月。这是峻青的第一本专著，也是峻青涉足革命战争题材的最初作品。此书又分别于一九五二年十一月、一九五三年三月，由中南人民文学艺术出版社出版了第二版和第三版。三个版本，均署名"孙峻菁"。以后，他就以"峻青"的笔名驰骋文坛。

一九五四年十一月，峻青在上海将《马石山上》进行重写。文字从八千多字的第二稿，增加到两万八千多字的第三稿。作为十三篇短篇小说之一，编入一九五五年二月新文艺出版社出版的《黎明的河边》一书。峻青在此书的《后记》中，有一段文字谈到了《马石山上》。他说："《马石山上》是以真人真事为基础写成的。其中也加上了许多文学上的想象，如战士们的姓名、性格以及许多具体的细节。因为这十位英雄们全部壮烈牺牲了，所以有许多无从查考的地方就不得不加以想象。在第一稿和第二稿的时候，我还是把它作为报告写出来，这次的重写，就把它写成了小说"。根据这个重写稿，上海文化出版社于同年九月出版了薄薄的单行本，到第二年已是第三次印刷，累计印数达七万册。

作者曾说："一九四二年的《马石山上》写得粗糙，因为那时候刚开始学习写作"。我们读到的第二稿，可能减少了一些粗糙程度，但对比他在二十世纪四十年代中期写的一些通讯报告，如《小侦察员》《女英雄孙玉敏》等，写法上大致差不多，变化不会太大，基本上是以新闻事实为写作依据的写实性文字，可归类为通讯特写。当然，写作上也有一定的可读性，如人物行动、对话等，用了一些描写手法，显得生动、形象。作者自己将其稿称为"报告",也是切合实际的中肯之言。

　　这样,我们可以忽略《马石山上》第一稿,从第二稿即修改稿谈起,此稿以一、二、三段划分为三个部分,以倒叙结构展开,一、三段分别用了短短五百来字,做些概括或提示,主要故事的叙述就在第二部分。全文开头写道:"一提起十壮士来,在胶东半岛上,不论是大人小孩,没有一个不知道的。而一想起十壮士,又没有一个人不联想到马石山的"。一段简单的铺垫之后,就转入第二部分的回忆。第三部分又回到了现在时:"亲爱的读者们,我的马石山的故事到这里就结束了。最后,我要告诉你们:壮士们的肉体虽然毁灭了,可是,他们的英雄形象却永远地活在人们的心里……",这样,与第一部分首尾呼应,虽然故事结构较为简单,倒也直截了当,通俗易懂。

　　再来看《马石山上》的重写稿,文字已大大扩容了。结构从原来的三个部分,扩展成八个部分,最后还有"结尾"一章。从"一"开始,就直接进入叙事:"这是一个非常寒冷的日子。灰色的天空里,飘扬着星星点点的雪花。尖溜溜的西北风,在光秃秃的树梢上怒吼着,吹得人们的脸颊和手指像刀刮一样的疼痛"。故事单刀直入,而且点明了发生故事的严峻气候背景。更重要的是,从写作上,采用的是一种小说的艺术语言。

　　接着,把原来第二部分的简单故事,演绎成由一至八的八个部分，这样，故事情节更丰富、更曲折，也更细化了。作者展示出他虚构想象的创作才能，从容地书写情节推进中的许多细节。比如，到了临近最后的突围，战士们"一看见地瓜皮，大家的肚子都叫了起来。到这时候，他们才想起了自从昨天早晨在徐家店吃了一顿地瓜以后，一直到现在，没有一点东西落腹了。饿得最厉害的是大老矫，他人大饭量也大，平时在连队里谁也吃不过他，他一人能吃三个人的饭，总还在不到开饭的时候又喊饿。现在，他饿得肚皮紧贴脊梁骨，头上直冒虚汗。他用手往怀里摸了一下，掏出了一个馒头（这是昨天晚上于大娘在西山脚下塞给他的）。他拿起来嗅了嗅，可是，他没有吃，就递给了班长，班长摇了摇头说：你吃吧。他又递给了小刘，小刘也不接……"这段文字，有不少生动的细节，从这些细节中，可以看出，有效地烘托和塑造了人物性格。

在"结尾"部分，作者用两个"十多年过去了"的段落，既是对战争时期艰苦岁月的概括，又简述后人如何纪念马石山上英雄的种种举措，发出了"保卫和平，保卫幸福的生活"的感叹。

《马石山上》的重写稿，在修改稿的基础上，以小说"源于生活，高于生活"的创作规律为指导，经过主题的提炼与情节的铺展，使作品更具艺术感染力。从"报告"而成为"小说"，是一次质的飞跃。一九五四年，对刚过而立之年的峻青来说，是一个短篇小说创作的丰收年。这一年，他相继创作出《黎明的河边》《老水牛爷爷》《老交通》等短篇小说，并成为经典读本。在同时代作家中，显示出他的创作活力与独特风格。

峻青在二〇一二年十二月出版的《峻青文集》（八卷本）中，将《马石山上》放在第一卷《短篇小说卷》的卷首，可见作者对这篇小说至为珍视。因为这是峻青根据自己"亲身经历亲眼目睹的真实事件"写成的文字，他本人就是那场大围剿中被八路军十壮士救出重围的幸存者之一，那段日子，他正在山村里做民众教育普及工作。

峻青以写革命战争题材见长。他在《我与战争文学》一文中讲道："抗日战争爆发后，我直接参加了战斗，目睹了许许多多可歌可泣的革命英雄事迹，从此我便开始了革命战争文学的创作。如果说前一阶段在农村听的、讲的口头文学，给了我以后的文学创作以丰富的营养的话，那么直接投身革命队伍参加战斗，则更丰富充实了这种营养。《马石山上》这篇小说就是我伴着战火硝烟，面对着烈士的鲜血写出来的"。

九十一高龄的峻青先生，是从写作战争题材起步的，其文学生涯也已逾七十载。他看着昔年旧著，这部国内第一次记述马石山十壮士事迹的珍贵版本，亦是"睹物思人，感慨良多"。

吴钧陶：宽厚仁慈的老人

与年近九旬的吴钧陶老人交往，大概已有二十年了。每次见面，每回聊天，都让我感受到，老人的一颗宽厚仁慈之心。与他有过交往的人，都会受到他的关爱与帮助，都会有这样的切身体悟。年复一年，这样的感受，时时在积累，在触动和温暖着我的心。

以最近的一件小事来说，他的保姆宁阿姨，因家乡安徽采茶较多，无法及时销出。吴老师听说后，明知自己没有助销渠道，却两斤三斤地自掏腰包购买，除留一些自用或招待来客，大多分赠亲朋好友。更不用说，他尽自己所能，帮助文朋诗友，完成各自的事业。那年出版社打算组织十来位翻译家翻译米切尔的《乱世佳人》，可是找不到原著，吴老师闻悉，把珍藏几十年的原版书奉献出来，为加快翻译进度，不得不将好端端的原书拆散，给译家分头翻译（那时没有复印机）。别人见之，很感可惜，吴老师却以此为乐。顺便提一下，吴老师是著名藏书家，曾获上海首届十大藏书家荣誉。二十世纪九十年代，报上号召捐建希望小学，吴老师觉得家中藏书还值几个钱，愿意捐出冰心等旧版文学书，期望以拍卖所得去帮助建个"帐篷小学"。闻听孙大雨的专著因印数不足而无法出版，他更是古道热肠，仗义执言，在报上撰文大声疾呼。

由此，可以看出，吴老师的人缘至深。他的同辈，他的后进，都愿意与他交往。我就常常听他谈起这些人与事，就"敲边鼓"希望他花些时间写下来。这样，我就见证了他写屠岸、写王智量、写钱春琦等文的刊发过程。别家写人物，由一点小事衍化成一篇大文章。而吴老师写人物专稿，花费的时间和精力，不亚于写一部人物传记。他是有剪裁、有节制地浓缩了传主的主要精神与经历。比如他写老友钱春琦先生，不但与传主一次次聊了很多次，还几乎翻阅了传主的所有著译，又把需了解的问题一一写信告知传主，在得到或修正或确认后，他才放心地投入写作。一稿二稿三稿，一遍遍修改直到定稿，可谓精准扎实，精练丰满。我爱读人物爱写人物，而吴老师的这些人物专文，都成了我学习的典范。

吴老师在翻译之余，还写下了为数不少的涉及翻译的长文短制。这些文章，有一定的专业性，又不为读者所容易读到。其实，这里有外国作家的轶事，有外国文学的基本知识，也有吴老师的翻译艰辛和理念。

吴老师是翻译家，三十年前他从译文出版社退休。他翻译的狄更斯《圣诞欢歌》，史蒂文生《错箱记》，卡罗尔《爱丽丝奇境历险记》等，几十年来一版再版，成为经典名著加上名家名译。他还把中文译成英文，如《鲁迅诗歌选译》《杜甫诗新译》等。吴老师是诗人，系中国作协和上海作协的诗歌会员。二十世纪五十年代因诗罹祸，被划为右派。新时期后，先后有《剪影》《幻影》《吴钧陶短诗选》等多种诗集问世。

但是，吴老师最早写作的体裁，却是写人物的文学传记。而第一部专稿，是二十世纪四十年代后期的自传体纪实作品《药渣》。可惜，这部十多万字的处女作，当年因故未能印梓出版。一九五二年至一九五三年，他在太平洋出版社连续编写出版了三种人物传记小册子，即《高玉宝传》《马特洛索夫传》《卓娅传》。他在文学翻译和诗歌创作外的文字，是最不为人知的。

老师读初中时卧床六年，患的是骨结核病，用他自己的话是"病历多于学历"。但凭着坚韧的毅力，他自学创作与翻译，做到了"妙手著文章"，已着实让人敬佩。而他的"铁肩担道义"，更令我折服。他以病弱之躯，担起了超乎寻常的社会道义，他有乐善好施的仁慈，有心系民众的大爱。

陈诏：红学家的多维人生

编辑记者，为别人编稿写稿，这是职业使然。人们却很少知道和关注他们。他们是默默无闻的"幕后英雄"哪。王蒙先生曾说：作家要学者化。我钦佩学者型作家。对于学者型的编辑，我同样心生仰慕，引为楷模。年逾八八高龄的陈诏先生，就是这样一位值得尊敬的前辈编辑家、红学家。

编辑生涯贯一生

一九二八年初春，陈诏出生于浙江宁波。祖父是光绪举人，因岁数已大，不宜远行，空有一个"教谕"的头衔。在家乡开了一家私塾，终身以教书为业。到了父亲这一代，由于中国废除了科举制，又从农耕社会开始进入商业社会，其父顺势而动，成了当地一个小有成功的商人。抗战期间，全家从宁波迁徙到上海。之后，父亲又去香港担任一家商行的经理。一九四八年，上海形势吃紧，父亲多次电报急催，让他去香港暂时"避避难"。其实，父亲另有意图，想让儿子到香港"子承父业"，走从商之路。可是，陈诏人到香港，心却不在生意经上。当时香港文化人多，进步书刊也多，陈诏不仅贪婪地阅读艾思奇的《大众哲学》，毛泽东的《新民主主义论》等马列基础读物，还从香港《华商报》《大公报》《文汇报》上，获得不少国内外信息。这些都深刻地影响了他的思想，改变了他的人生轨迹。他瞒着父亲，一个人在业余时间去报读了南方学院新闻系，这是进步作家林焕平在香港创办的一所培养综合人才的进步学校。在这所学校，他开始系统学习新闻学基本知识。又获到香港《文汇报》做实习编辑的机会，在边学边干中增强才干。一唱雄鸡天下白，新中国的诞生，对他产生了极大的吸引力。不顾父亲的竭力反对，他于一九五○年初，毅然独自回到上海。他先进了顾执中主持的民治新闻专科学校，继续新闻学业，一年半后提前毕业，考入《新闻日报》，先后做过编新闻的夜班编辑，跑财经条线的记者。一九五五年，他开始接手《新闻日报·人民广场》副刊的编辑工作。之后，作为一份具有"民间报纸"性质的大报，《新闻日报》根据党的"双百方针"，提出了副刊"茶余饭后、街谈巷议"的改版要求。据此，陈诏广泛进行作家的联络与约稿工作。他的眼光首先聚焦到周瘦鹃身上。周是民国年间上海滩的重要作家，主编《礼拜六》《紫罗兰》风靡全国。他是"老上海"们熟悉的小品作家，如副刊能约到他的文章，将会使版面大大增色。于是，他在一个夏日的早晨，专程去苏州拜访周瘦鹃。见面后，陈诏微笑着自报家门，说明来意，在品茗聊谈中，彼此拉近了距离，周瘦鹃没有想到，上海大报编辑会在他感到鸳鸯蝴蝶派作品与新时代格格不入，准备"金盆洗手"，不再舞文弄墨之际，特地来向他诚恳约稿。他略示谦虚后答应试试。不久，周瘦鹃的稿件源源不断寄到陈诏手上，有谈苏州掌故的，有谈养花趣闻的，文章精短，清新可读。这些闲适小文，正适合副刊读者的口味。同样，《新闻日报》想仿效《新民晚报》的做法，在副刊上刊登连载小说，以吸引读者。陈诏提出想约张恨水写稿的设想，而分管《人民广场》副刊的副总编郑拾风是张的故交，答应立即给张写信联系。不久，张寄来历史小说《孔雀东南飞》，陈诏特意请画家胡若思画了插图，小说在副刊连载了三个月，获得读者广泛好评。可是，好景不长，反右运动突来，副刊上的不少稿件被指责为"向党进攻的大毒草"，陈诏由此被打成右派，发配西北宁夏二十多年。

半路出家研红楼

陈诏在宁夏当"牧马人"，历经艰辛。"文革"后期，国内开展了带有政治色彩的评《红楼梦》运动，在古今中外文学经典均遭禁止的现状下，人们却可堂而皇之公开阅读《红楼梦》，这实在是一种怪现象。对于《红楼梦》，陈诏初中时就读过，虽不能深入堂奥，却记得了作者曹雪芹的大名，以及书中《葬花词》的一些词句。在二十世纪五十年代批判俞平伯红学观点运动中，陈诏又对《红楼梦》通读一过，自然也是带着当年阶级斗争的观点来看待这部书的。此时，他孤居偏僻乡村，独守昏黄油灯。一部《红楼梦》，他却可以安静地翻来覆去细细读来。他托朋友又买来三种脂批本，特别注意脂砚斋批语中所提示的曹家变故的文字，钩稽探微，竟写下十多万字的读红笔记，据此理出作者生平的一条线索。而随着人生阅历的不断丰富，从曹雪芹身上，陈诏联想到逆境下的自己，多少获得"同病相怜"的慰藉。

书读多了，他就会生出不少疑问。一次，看到《文物》杂志刊登史树青先生关于"曹雪芹画像"的辨伪文章，既感兴趣又极敬佩，斗胆写信给杂志转史树青收。不久，史寄来长信，详尽解答了陈诏提出的几个问题。之后，彼此建立了通信关系，陈诏由此得到史树青的诸多教益。他的第一篇红学论文《略谈红楼梦里皇权的态度》，颇得史先生的肯定，并推荐给红学家胡文彬，于一九七九年发表于《红楼梦学刊》创刊号上。之后，他出席了全国第一届红楼梦学术讨论会，结识了冯其庸、吴世昌、周汝昌、吴恩裕等国内一流红学大家。从此，陈诏踏入红学研究之门。他深情地说，史树青是他红研的引路人。

因为在《红楼梦》研究上的初战告捷，在陈诏右派问题得到平反后，上海师范大学慧眼识珠，将他借调到学报担任编辑。第二年，《解放日报》为其落实政策（《新闻日报》已并入《解放日报》），归队重操旧业，担任《朝花》副刊编辑，一干就干到了退休又返聘多年。此间，陈诏的红学研究未曾中断过。从一九八二年第一部专著《红楼梦与金瓶梅》（与孙逊合著）问世起，陈诏先后出版了《红楼梦小考》、《红楼梦群芳图谱》（戴敦邦配画）、《红楼梦的饮食文化》等多部红学专著。不但研究《红楼梦》，陈老还在《金瓶梅》研究上颇有成就，出版了《〈金瓶梅〉六十题》等专著。在红学上，著名作家、红学家端木蕻良尤对陈诏的《红楼梦谈艺录》一书关于小说艺术分析文章，甚为肯定，说他"对《红楼梦》的描写艺术作进一步探讨，为《红楼梦》宝库增添了财富"，并认为《遗貌传神》《一个伟大的悬念》等篇什，"确乎是发前人之所未发"。

上世纪八十年代，正是我国文化界研究《红楼梦》的鼎盛时期，不但有多种专业刊物，不少报纸副刊也把《红楼梦》作为热门话题。更有红学家以旧体诗词来抒怀寄情，其中咏红咏曹居多。陈诏也曾写七律一首《咏曹雪芹》，最后两句是："至今说苑思豪杰，谁上红楼又一层"。此诗在《解放日报·朝花》副刊登出后，一花引来百花开，邓云乡等许多诗人、学者写来步韵唱酬之诗，前后约有百余首之多。陈诏想到了善于吟诗的周汝昌先生，将诗作寄去请教，周很快寄来和诗《咏芹之作》两首，并在附信中说："两诗都是急就章"。陈诏为记下这次文字雅集，特手抄《咏曹雪芹唱和集》，还请兼具书法家之名的周汝昌先生题写封面，线装成一册，一直保存至今。虽然此书藏于秘箧未及出版，却是陈诏在红学研究中的一个插曲，一段佳话。

上世纪九十年代初，王蒙出版了《红楼梦启示录》，获得良好反响，读者公认其观点新、视野阔，是一部难得的红学新著。三年后，陈诏在北京组稿，特地去走访了王蒙，在其寓所进行访谈交流。王蒙说："《红楼梦》是一部总结人生经验之书，每个人读后都会有不同的人生体验"云云。陈诏顺水推舟，请王蒙把对《红楼梦》的理解和认识写一短文。王当即慨允，第二天就交了稿，题目是《关于〈红楼梦〉》。陈诏婉转地建议："能否改为《我读〈红楼梦〉》"，王蒙觉得有理，即表同意，说："好，改得好"。此文很快见诸报端，读者称赞，王蒙欣然。自然，编辑陈诏功不可没。

陈诏作为副刊编辑，不但自己业余研究红楼梦，还策划、相约国内红学同行撰写相关文章，细致认真地做好穿针引线的组织工作。

多才多艺底蕴厚

几年前，承陈诏老师信任，寄赠一册仿线装本《陈诏诗存》给我，读着七十多首旧体诗，我甚感惊喜。由此我明晓，陈诏在中学时就爱上古典诗词，读苏曼殊读龚自珍。在一家旧书店，他廉价淘得一册《陆放翁诗选》，欣喜不已。后来，他买来《诗韵合璧》，对着平平仄仄的音律，学写旧体诗。有一位老教师特别器重陈诏的好学与聪颖，不但鼓励他写诗，还帮助修改润色，把他的诗推荐给在《大美报·青鸟》副刊任编辑的朋友，前后有六、七首诗被副刊发表，如《踏青》《清明》等。诗词变成公开出版的铅字，一时激发了他高涨的写诗热情。可是，新中国成立后，为新社会的形势所需，也为了谋生，他不得不把精力和时间放在学习新闻专业上。而上世纪五十年代落难后，他更无心绪写诗了。五六十年代中，他只留下极少的几首诗，如《塞上中秋》《秦长城访古》等。大量的诗作则写于新时期，即他平反后回到上海以后。百废待兴的年代，使他重燃写诗的激情。近年来写的一组《上海新竹枝词》等，更是新意迭出，足见他对旧体诗写作新路的探索。从诗词的写作，可看出作者古典文学的根底，遣字用词的功夫。他成为上海市作家协会会员，也是顺理成章之事。

现在的作家，大多已改"爬格子"为"敲键盘"了。但陈诏却按兵不动，主要原因还是舍不得手中的笔。在私塾里，五六岁的他，已开始手握毛笔，一笔一画临字帖了。到了中学，更是遍临《张迁碑》《曹全碑》《九成宫》和邓石如的篆字。五十年代初他去访问周瘦鹃，周备有签名簿，凡来客都要留下姓名，当陈诏大笔一挥后，引得周瘦鹃一声赞叹："陈同志好一笔清秀的字啊"！以后在编辑工作中，他不但向著名作家、学者约稿，还顺便索求墨宝，如俞平伯、吴世昌等，都有书法条幅寄赠他，可见，他对书法是何等喜好。有时，看来稿或写文章感觉疲劳时，他就会从笔架上取下毛笔，临写几张书法。他认为这既是休息自娱，也是提高自身修养。陈诏的一手毛笔字，确是富有书卷气的文人书法。

在陈诏书房内，悬挂着一幅水墨竹画。起初我以为是哪个画家赠送他的，细看落款，才知是他临吴子深的作品。吴子深是现代苏州吴门画派中的"三吴一冯"（吴湖帆、吴待秋、吴子深、冯超然）中的一员。他本是中医，却以画名闻世，早年在上海一边行医，一边卖画为生。一九四八年初，吴子深在《新闻报》上登出习画授艺的招生广告，正巧被陈诏看到，他第二天怀着兴奋而又忐忑不安的心情，按广告上的地址，叩开了吴子深寓所之门。经一番口试，吴笑着说："你一脸聪明相，又有志于学画，将来一定有所作为"。这样，吴老师就收下了这个学生。还不收学费，不受拜师之礼。此后，陈诏每日下午踏进吴老师画室，仔仔细细看老师作画。吴边画边说："学画全在于耳濡目染，默记于心，把着手是教不会的。看多了，自会悟出道道，再多练习，便熟能生巧"。一年时间很快过去了，陈诏的画也学得像模像样，甚得吴老师的夸奖，说"除了笔触较嫩以外，已入门道了"。可惜的是，父亲要儿子去香港经商，父命难违，陈诏只得放弃习画，与老师依依惜别。此外，陈诏还喜欢金石印章。一次，我带去了他的几本早期专著，请他签名钤章，我看着篆刻精到的红印，问是哪个名家所刻，陈诏颇为自豪地说："我自己刻的，过去刻的章有一抽屉哪"！金石所好，亦显露出一个文字编辑的艺术修养和闲情逸致。

是啊，人们习惯称编辑是"为他人作嫁衣裳"。但陈诏工作之余，亦不忘为自己裁剪若干质地和做工均为上乘的"衣裳"，那就是十多部文史专著，除研究《红楼梦》《金瓶梅》专著外，还有《美食寻趣》《漫说苏州》《文史拾穗》《梦余痴话》等。他不愧为编辑中的学者，文化型的作家。

丰一吟：丰氏传人得真传

　　常常去看望已逾八六高龄的丰一吟老师。因为交通方便，上一辆公交车，没乘几站路，就能直达丰老师家。亦常常想，她该属哪种类型的专家呢？实在不易概括。

　　出生于一九二九年的丰一吟，少时因患副伤寒病，中学念到初一就不得不辍学了。父亲丰子恺想，小女总得有一技之长，将来能自食其力、服务社会。一九四三年，在刚从重庆迁回杭州的国立艺术专科学校任教的父亲，就把女儿送进这所学校，开始学习应用美术。这多少含有父亲希望女儿以后接他的班，从事艺术工作的心愿。五年后，丰一吟从艺专毕业，在随父亲游历台湾、厦门后，全家定居上海。她同时在正行女中、怀远中学和乐华小学几所学校担任图画老师。她学的是美术，从事的是教育，合起来应称美术教育工作者，这可算是她人生路上第一个专业角色。但是，她不喜欢这个工作。一则因为学校不重视，以为上图画课等同于让学生休息白相；二则老师要板书，美术老师除了板书，还要在黑板上画图示范，好让学生跟着临摹，那可是即兴创作。她不擅此活，只得回家求父亲预先给她画好，第二天带到学校，用两枚图钉钉在黑板上，让学生照样画瓢。这种方法，她自己也觉得有点弄虚作假，不可久为。也许，在学校黑板前吸进太多粉笔灰，不久她就患了肺结核。这种病，现在算不得什么，已不大听说。但在那个年代，由于医疗条件的限制，既怕传染又难治愈，弄不好还会丢了性命。由此，只好辞去教职，专心养疴。

亦是怜惜小女，已从事俄文翻译的父亲，竭力鼓励女儿学俄文。父亲在翻译时，让她坐在旁边，零距离言传身教。我曾见到一张父女合影的旧照片，文字标注的即是"父亲教我学翻译"。此外，父亲还让她先后进了上海俄文专修学校和中苏友协俄文夜校进修，进行强化训练。一段时间下来，她的俄文水平有了迅速提高，很快独立翻译出版了《俄罗斯艺术家回忆录》一书。一九五三年，丰子恺好友钱君匋创办的万叶书店，请她去当编辑，主要是在美术、音乐图书出版前作校对或抄谱。这一年，由钱仁康编曲的《钢琴小曲集》，在万叶书店出版，版权页上印着"写谱者 丰一吟"。王伯敏在《构图法讲话》一书的"写在后面"中说："最后得谢谢为本书附录翻译的丰一吟同志，使本书得以充实"。这篇两万多字的附录，就是她翻译苏联作者尤昂的长文《论绘画的构图》。也是在这一年，丰一吟与父亲丰子恺合译的《中小学图画教学法》和《音乐的基本知识》，均由万叶书店出版，这是父女俩合作翻译的最初成果。之后，她又分别与其他翻译家合译了《素描初步》《我为托尔斯泰的小说〈战争与和平〉所作的插图》等专著。一九五五年，丰子恺早年的译著屠格涅夫《猎人笔记》，将由人民文学出版社重版，繁忙的父亲无暇顾及，信任地让小女代为通校，并撰写序言，深得父亲赞赏。

　　丰子恺说过，搞翻译，最难的是翻译外国文学作品。在初试牛刀后，丰一吟于一九五九年翻译出版了苏联作家尹·伏塞沃洛斯基所著的儿童文学作品《乡村小队》。此书当年八月初版，到十二月已连印三次，可见深受读者欢迎。译者在《前言》中说："小说里的主角是一个男孩子，叫做谢明·布琼尼，原是苏联的元帅，这篇小说里所讲的，就是这位元帅童年时代的事。小朋友读了这本书，就知道布琼尼元帅原来从小就是一个坚强勇敢、不屈不挠而刻苦耐劳的人。所以他长大起来能够建立伟大的功勋，为人民带来无量的幸福"。这部小说感动和激励了我国一代读者。

　　对于翻译，丰一吟老师曾有过一个形象的比喻。她说：我觉得搞翻译是对路了。因为有原作者在前面掌舵，我这译者只要划桨就可以了。这样说来，应该称她为翻译家。后来被吸收进了上海编译所，"文革"后转入上海译文出版社，专事翻译和外文编辑工作，进而成为上海翻译家协会会员。她累计译校外国文学艺术作品达三百多万字，可谓成果丰硕。

事物发展犹如人生轨迹，并不以固定的逻辑连贯而去。也许因为承继父亲更多的基因，对父亲有着更深的情感。从上世纪八十年代起，丰一吟调入上海社科院文学研究所，开始专门研究丰子恺的生平与创作。她遍觅博采，广泛收集父亲诸多史料，哪怕一张小纸片、一句话，都不放过，视为珍宝。先后撰写出版了《丰子恺传》《梦回缘缘堂》《我和爸爸丰子恺》等六七种关于父亲的文学传记专著，以及无以数计的回忆文章。由此加入了上海市作家协会，还担任多地丰子恺研究会名誉会长。称她为传记文学作家，当是实至名归。她不无感慨地说："早知今日，何必当初，早知道如今要成为一个专业的丰子恺研究者，趁父亲在世时，就抓紧时机向他学习了解种种情况，该有多好！我写他的传记时，就不必东查西问，寻根究底，像考古一样辛苦了"。在延续父辈文脉，传承父辈精神上，她的成绩是最为突出的。

可是，丰子恺老先生留给后人的精神遗产实在太丰富了。不仅仅是文学创作、翻译、艺术理论，丰老还是著名漫画家、书法家。丰一吟研究丰子恺，不能不融入父亲的书画世界。她除了为父亲编文集外，还为父亲编漫画集，编书法集。这样的研究工作，一直到她一九八八年退休仍无止境。为了满足数以万计的丰子恺艺术爱好者之爱好，为了那些执著而热忱的"丰迷们"需求，她不得不提起毛笔，临摹起父亲的人物、风景漫画，书写独一无二的"丰体书法"。一旦开笔，就欲罢不能，一直持续到现在，这正符合她自己所说"只会临摹，不会创作"的性格。这颇具子恺神韵的字画，如她不署"丰一吟画"或"丰一吟书"的话，堪可乱真哪！这样的字画，她已记不清为多少人写了多少张，画了多少幅啊！这其实都是研究丰子恺艺术的重要组成部分。她还应邀把个人书画展从大陆一直开到香港，还开到国外新加坡、马来西亚等国，大大弘扬了丰氏艺术所饱含的丰富而优秀的中国传统文化。由此，她被上海文史研究馆聘为馆员，并任上海书画名人后裔联谊会理事。现在，她每天写字画画不辍，常有应接不暇之虞。她没有书画家的头衔，却比不少书画家的名气还大哪！

丰老师有一些生活细节很有意思。她说自己记性不好，衣袋里总放着水笔、铅笔和一叠小纸片，凡事总要记一笔。又怕要紧关头水笔写不出，所以要多备一支铅笔。写字画画多少年了，谁请她用毛笔写字，她怕记不住，会在小纸片上记下，过后写毕邮寄。一次，有人请她题写书斋名，因当时没记下谁让办的，以至书写完仍放在家无法寄出。丰老师多年前就用上手机了，外出时手机是不离身的，短信发得飞快。

唉，对于丰老师这样一位文化老人，真的难以明确她的角色定位。忽然想到，时下颇为流行的"星二代""官二代""富二代"等词语，似乎带着些贬义。如果可以正面理解的话，富有真才实学的丰一吟老师，堪称"文二代"楷模，是令人尊敬、真正丰氏德艺双馨的传人。

邵玲："我见过张爱玲的"

我曾在一篇文中写道："时下大陆文化老人中见过张爱玲的已寥寥无几"，其实心里想，除健在的沈寂、艾明之两人外，无出其三了。当我坐在年届九旬的老报人邵琼面前，听她回忆早期见过的作家时，脱口说道"我见过张爱玲的"。在我听来，这不啻是一次重磅"爆料"。

抗战胜利后，邵琼离开重庆《民主报》，应邀加盟上海《世界晨报》。当时，冯亦代、姚苏凤刚刚将这张报纸复刊，正需人手。同时请来的还有袁鹰、吴承惠、戴文葆等人。飞机在上海一落地，邵琼从接她的人群中，一眼看到了在重庆期间的老朋友叶以群。她明白了，能来《世界晨报》，全靠他的推荐。叶以群知道她爱吃香蕉，手中正提着一串香蕉朝她笑哪！

到报社落脚后，邵琼接受的第一个任务不是采访，而是让她去和张爱玲做朋友，这让邵琼颇感意外。她知道张爱玲在沦陷时期已名闻上海文坛，但她并不仰慕。因在重庆时，邵琼与第一任丈夫碧野就住在重庆观音岩下张家花园的"文协"(即中华全国文艺界抗敌协会)驻地，经常见到茅盾、冯雪峰、姚雪垠、刘白羽、戈宝权等名作家。住处的东西厢房就住着梅林和叶以群，楼上住的是电影导演史东山和郑君里。现在，她怎么也没想到，叶以群会代表组织，要她去接近张爱玲。说主要是了解张的政治倾向，是站在"左"边还是"右"边，是否能团结过来，争取她站到革命阵营中来。因邵琼在重庆认识一位小报记者叫严阿芬，阿芬虽不识张爱玲，却与张的一位同样姓张的闺蜜非常熟悉。凭着阿芬的这层关系，邵琼居然住到了武进路上张姓女士家里，称其为张太太。张太太乐得有人做伴，待邵琼如亲妹妹样亲热。她在一家小公司做白领，工作清闲，又热衷吃穿。记得，第一次见到张爱玲是一天下午，阿芬和张太太带着邵琼去南京东路上的"新雅"喝下午茶，在幽雅的小包房内，她们和张爱玲寒暄后，喝着茶，聊着天，无外乎家长里短，吃喝玩乐之类。邵琼当然带着任务而去，悄悄观察张爱玲，见其像一个时髦女郎，一套淡粉色缀花旗袍，长发呈波浪式披着，待人有点冷淡，有点矜持，或者说她过分清高了。这是张爱玲给邵琼最初的印象。这天回家后，邵琼把张爱玲的一言一行整理成文，向叶以群作了汇报。这样的下午茶去多了，邵琼也心生厌烦，没多大兴趣了。而叶以群总是耐心开导她，说了解张爱玲，也是党的文化工作之一，做好了，可争取她站到我们这边。邵琼不知道，这样的聚会，其实是 AA 制，每次都是阿芬帮邵琼悄悄出了钱。有一次，张爱玲在闲聊中，竟情不自禁地哼唱起"好花不常开，好景不常在"的小调来。这是香港抗战电影《孤岛天堂》中的插曲《何日君再来》，张爱玲唱得凄楚而无奈。第二天，邵琼见到叶以群，说张爱玲从不谈政治，也不涉及他人，歌倒唱得蛮动听的。叶闻后，皱皱眉头，很失望的样子。少顷，只得对邵琼说，此事就算了，你回报社做采访工作吧。后来，邵琼知道，当时叶以群在我党的外围组织中外文化联络社，做的是团结上海文化界知名人士工作，争取张爱玲自然成了他的目标之一。可是张爱玲是无党无派的自由作家，感兴趣的只是风花雪月，诗词歌赋，至多男情女爱了。

邵琼回归《世界晨报》后，相继采访了罗隆基、章伯钧、黄炎培、史良、黄金荣等社会名流，半年中发表了两百多篇采访稿。她却后悔，当年接近张爱玲，向叶以群写的都是汇报材料，却没能想到写一篇张爱玲的访问记。不久，夏衍找到邵琼，说陈铭德、邓季惺的《新民报》(《新民晚报》前身）正缺人。这样，邵琼就去了刚复刊的《新民报》。

彭新琪：她牵挂老姐妹

　　记得，多年前访谈彭新琪老师，她道出了久蕴心中的一个富有创意的设想，即把上海目前年龄最大且健在的七位女性老作家、老编辑的文章编为一集，书名叫《七人集》。承新琪信任，姜金城老师和我成为了她的助编，分别协助整理和校阅部分稿件。

　　也许是冥冥之中的一种契合。以我的爱好与兴趣而言，更适合与自称"三〇前祖母们"的七位文化老人相处。想想，一九三〇年前出生的她们中，最大的罗洪已逾百岁，最小的彭新琪，亦届八十岁了。如此，我与她们（除罗洪先生相识稍早外）开始晤谈和熟悉。有时在她们自发的聚餐会上，有时在小型会议上，更多的则是在她们的府上（黄宗英长期住院，只能在病榻旁了）。二〇〇九年五月，由王安忆作序的《七人集》顺利出版，使大家分享了合作的愉悦。

　　多年的相处，在加深与她们的友情中，亦加深了对她们的更多了解。

　　之后，欧阳翠出版了《生命的灌溉》，黄宗英出版了《百衲衣》，姚芳藻出版了《踏上荆棘路》，我都及时获得她们的赠书，并一一拜读。其间，我抽暇为罗洪选编了《百岁不老》的小说散文集，协助欧阳文彬编了五卷本文集。也就是说，《七人集》中的七位文化老人，有五人结出了新的个人出版成果。那么，我就暗忖：能否为黄屏与彭新琪两位老师各编一部选集。这一想法得到了她俩的首肯。不料，黄屏因突发脑梗，不得不暂时放下编选之事。而为彭新琪编部选集的设想，就很快付诸行动，进入实际操作的层面。

在新琪老师的指导下，我将她原先出版的几部单行本，以及报刊书籍选入的或没有发表过的其他零篇散章，全部浏览一过，编出初选目录，呈她过目。期间，又经过两次调整与增删，终于确定了入选篇目。选集的编选过程，也是我向新琪老师学习做编辑的过程。

我知道，与其他六位老人一样，新琪也是资深文学编辑。她在上世纪四十年代后期，考入名校复旦大学中文系，这是文学青年梦寐以求的神圣殿堂。在复旦校园，她受教于靳以这样"一位勤勤恳恳的作家，认真负责的编辑，桃李满天下的教师"（巴金语），自然，"名师出高徒"。毕业后，她顺利进入宋庆龄所办中国福利会名下的《儿童时代》社，当上一名称职的编辑。一九五七年《收获》创刊，她又成为这家文学名刊的最早编辑之一。在《收获》的岁月中，她不但继续得到靳以先生的言传身教。而且，在很长时期内，她亲炙巴金先生的教诲，积累既多，感受匪浅，始有《巴金的世界》一书问世。犹如薪火相传，在长期的编辑生涯中，新琪发现和培养了不少青年作家，如程乃珊、李晓、曹冠龙等等，可以举出一大串。

按内容编排，选集分为四辑。新琪在每一辑的前面，都写有一小段文字作为"题记"，我觉得亲切又贴切。我初选的篇目中，有不少写名家的文章，但被她删去不少。她说，当时写得匆忙，失之空泛。我有些惋惜。这是新琪老师的固执之处。但她也有不固执的时候，有时反倒显出我的固执来。我以一己的偏好，觉得"吾师吾友"这辑可打头，放在第一辑，因为文章写的是巴金、靳以、丰子恺、茹志鹃等文艺大家，不仅分量重，且具文史价值。新琪师坦然接受了我的小小建议。由此可见，一位老编辑的虚怀若谷、从善如流的品格。

我接触的七位文化老人，尤其是《七人集》主编彭新琪，给我最初的印象是严肃有余，不苟言笑。于我多少感到有些拘束。及至相处久了，才感受到她有着火一样的热情。她内心的丰富，她的细心与谨严，以及她对至善至美的追求。而且，她有穿针引线的能力，其他六位老人始终在她关注的视角内。

几年过去了。被王安忆称为"阿姨们"的七位文化老人，大多为病所困，不良于行了。但她们始终不肯放下心中的笔，展现出生命的顽强。其实，新琪师已年逾八五高龄。近年来，她患上了帕金森病，手抖无力，写字困难。又不慎骨折，住了大半年医院。我想，在这可能是她最后一部集子中，我有幸尽了自己的一份心意，一点微薄的力量，并且从中获得更多教益，那才是真正的正中下怀，适得其所啊！

　　无论自己多么艰难，她始终牵挂着她的这些老姐妹。

白桦：云之南的歌者

上世纪五十年代中期，白桦先后出版过包括长诗《鹰群》《孔雀》在内的四部诗集。这里，仅就其两部短诗集《金沙江的怀念》和《热芭人的歌》，谈谈他在那个时期的诗歌创作。

对于白桦，诗人公刘曾说："他的诗，假如少年时代不论，恐怕应自《金沙江的怀念》始"。那么，就从这部诗集谈起。《金沙江的怀念》由中国青年出版社出版于一九五五年八月，三十二开本，初版印数一万二千册，次年十月第二次印刷，印数九千册。因是军队系统作者，被冠以"解放军文艺丛书编辑部"的名义。此书没有前言、后记之类文字，前面的《内容提要》写道："这是一个抒情短诗集，包括抒情诗十九首。这些诗，以丰富的色彩和清新的风格，歌颂了驻守边疆的边防军战士保卫祖国和各族人民的幸福而作的英勇战斗，反映了各族人民对于边防军的热爱和边疆兄弟民族的新的生活面貌"。这段文字，概括了诗集的基本内容与特点。但是，它没有写明，这个"边疆"即是云南。这部诗集，是新中国成立初最早反映云南少数民族生活的诗歌作品之一。

　　诗集中，最早的一首诗是《把边江畔的大爹和姑娘》，写于"一九五二年春哀牢山丛中"。这是我们迄今为止，所能读到的白桦最早诗歌之作。另一首《山野里的"货郎"》，写于"一九五二年四月一日滇南，一九五四年十二月二十一日改写于北京"。其余十七首诗，均写于一九五四年。可以说，从这一年开始，白桦诗歌创作进入喷发期。这一年，白桦才二十四岁。至今，时光漫过整整六十年，白桦成了年逾八旬的垂垂老者，犹如一棵苍虬而弥坚的老白桦。

　　出生于一九三〇年的白桦，原名陈佑华，河南信阳人，一九四六年还在读中学时，就开始了文学创作，诗歌、散文发表在当地《豫南日报》《中州日报》上。他一九四七年参加野战军第四兵团，从淮海战役一直打过长江，进军大西南。一九五〇年初，白桦随军进驻云南。一九五二年夏，他被派往西南军区，到重庆在贺龙身边工作，主要任务就是听贺老总谈传奇经历，作为写作传记的素材。后因种种原因，未能出版。经贺龙安排，白桦到昆明军区文化部，在冯牧部长麾下，与公刘、林予等一批风华正茂的年轻作者，组成军区创作组，白桦任组长。那时，白桦写得最多的是小说而不是诗歌。然而，白桦的第一部作品，却是儿童文学集《鹿走的路》，出版于一九五三年十月，白桦所作《小哨兵》《毛主席像》《鹿走的路》，另一篇是朱德普的《把昨天的事告诉毛主席》。虽然，集子中四篇作品中白桦占有三篇，且以白桦的作品为书名，但严格意义上说，仍算作合著。所以，这第一本集子，白桦已将其忽略不计了。同年十一月，白桦出版了第一部短篇小说集《边疆的声音》。一九五四年，在创作小说同时，白桦诗兴勃发，《金沙江的怀念》便是这一年创作的主要成果。说是短诗集，其实都不算短，最短的为十六行，如《慢点飞吧！可爱的云雀》《青年骑手之歌》，稍长的有一百多行的《把江畔的大爹和姑娘》，有八十多行的《金沙江的怀念》。正如公刘所说："我觉得，白桦是一位很早就建立起独立风格的诗人，那特点似乎在于：妩媚和典雅，我琢磨，这大概与他习惯了'倾吐式'的写作心态有关"。这"倾吐式"的抒情方式，就应该以长句来从容舒展情怀，如**"静静的雪山像忽然直起了腰身／迎接着玫瑰色的早晨／精灵的小松鼠从树洞里探出胡须／它用小爪轻轻推开洞口的薄冰"**（《素馨兰》）。白桦诗的另一特点，是在抒情中展示一个隐隐的故事情节。也许他擅长小说写作，在诗中也渗透着人物、场景、对话等小说因素，如：**"邮递员把一张报纸丢在爷爷身旁／他又打马奔向远方／像蜜蜂儿找到了蜂王／孩子们都挤进了爷爷的篷帐"**（《寄给北京的礼物》）。这样的开头，就是一个故事的引子。这样的小叙事诗，在集子里为数不少，如《赛马会上》《家信》等。虽然，在一些抒情性很强的诗作中，云南少数民族以及边疆风光美轮美奂地得以展现，其中却常常出现直白的"光明"尾巴，如《夜》的最后一句：**"迎接着再一个战斗的夜和再一个美丽的黎明"**。又如《慢点飞吧！可爱的云雀》最后两句：**"中国人民变得那样愉快／无论何时都需要你的歌声"**。本来应是点睛之笔，却败坏了整首诗的恬美意境。这是诗人的局限，也是时代的局限。尤其是军队诗人，比常人有着更强的使命感。

　　时至一九五五年，作者将当年写的诗，结集为《热芭人的歌》，于一九五七年十一月出版，印数五千八百册。白桦为这部诗集写有《后记》，这是我读到过的最短一篇《后记》，全文照录如下："我把今年写的一些短诗收集起来，成为这个小册子。衷心地期待着读者严格的批评。白桦　一九五六年除夕"。旧历以除夕为一年的终结。这部诗集薄薄的，四十八开本，只有八首诗，总计四十八页，名副其实"这是一本小诗集"。诗的题材与写法，依然延续着《金沙江的怀念》的风格。只是，八首诗中有一首为《滇池小诗》，由《送花》《远石》《私语》《夜航》四首小诗组成一个组诗，每首四句，写得短小精悍，富有韵味。如《夜航》，其实是两句对白：**"'女儿，夜晚要掌稳舵／让船儿走直线'／'阿爸，我怕**

木浆打碎月影 / 才让船儿绕了一个小弯'"。这样的短小诗，在白桦创作中，尚不多见。值得一提的是，此书的封面画，是著名画家黄胄所作，他是白桦在北京总政文化部一起工作的战友。黄胄善于画驴，可此画是一匹奔马，马背上是一位英姿飒爽的藏族姑娘，也即以歌舞为业的热芭人。

"七月派"诗人唐祈早在上世纪五十年代就概括过白桦当时的创作，他说："白桦最初从事诗歌创作的主要内容，就是西南兄弟民族的生活和感受。他参加了西南解放战争，在以后七八年的边疆生活中，他走过了云南高原上许多的民族地区，接触到藏族、彝族、苗族、傣族等兄弟民族日常的和重大的斗争，看到他们日新月异的变化。在 1955 年出版的抒情诗集《金沙江的怀念》和其他短篇小说中，就以丰富的色彩与抒情笔调，描绘了西南兄弟民族的生活图景，引起了文学界对这位未来的诗人的注意和期望，这些作品被列为解放以来最初反映兄弟民族生活的创作的一部分"。

是的，在云南的几年中，是白桦心情最愉快、创作最旺盛的一段难忘岁月。白桦曾经和藏族兄弟一道纵马飞驰过雪山草原，和边防战士一同走在国境线上。在帐篷里和山林舞会上，结识了藏族中许多的普通人，如经历过红军长征的老猎人，参加过解放战争的藏族青年，草原上流浪的热芭人。从他们那些生动的牧歌、民谣、口头传说和他们活生生的英雄事迹的叙述中，他获得丰富多样的生活知识，了解了他们的斗争历史、风土人情和真正的民族情感。

一九五五年底，白桦奉调进京，任总政创作室专职创作员。一九五七年，白桦被打成"右派"，从此，他的歌喉被牢牢地扼住了。新时期初始，白桦得以平反复出。一九八二年十月，人民文学出版社出版了他的第一部诗选集《白桦的诗》，诗集分二辑，第一辑是"我的青春在边疆"，从早期短诗集《金沙江的怀念》中选出十首，从《热芭人的歌》中选出六首。第二辑是"沉默和思考之后的歌"，二十二首诗均为七十年代后期至一九八一年底所创作。可以看出，那时的白桦，对早期的诗歌仍念兹在兹，"不悔少作"。尽管，这是些"稚嫩的作品，但不乏青年诗人的激情"（白桦语）。然而，近年由武汉出版社、上海文艺出版社相继出版的《白桦文集》（四卷中有诗歌散文卷）、上海文化出版社出版的《白桦诗选》（上下）中，除长诗《孔雀》外，早期的短诗一首未选。这可以看出，他对那个时期的创作，有更为深刻的认识和反思。由此，他对早期的诗歌创作，极少谈及，难再留恋。

白桦曾对我谈道："五十年代初期，我所经历的生活是奇特而丰富的，只要把云南少数民族地区如画的场景，和他们多彩的生活真实地记录下来，就是一首自然、纯美的诗。那是一个诗的环境，而我的年龄，也正处在一个诗情满怀的青春岁月。可惜，大多被浪费了。当然，有客观的历史局限，也有我自己的幼稚和浮躁，使那些习作显得十分苍白。文学从属于政治是当年的时尚"。白桦想到的，仍然是诗歌反映生活之美，人民的心灵之美。如果说，世上有为艺术的诗人，也有为人生的诗人的话，那么，白桦无疑是后者。他的诗歌，无论早期的"妩媚和典雅"，还是后期的"凝重和深沉"，都始终凝聚着他对美的执著追求，都袒露出诗人的一颗赤子之心。

流沙河：“孩子”的足印

上世纪五十年代中期，流沙河先生先后出版两种诗集，即《农村夜曲》和《告别火星》，这是他最初的诗歌创作成果，也给他带来最初的荣誉和欢欣。

《农村夜曲》是流沙河的处女诗集，由重庆人民出版社出版于一九五六年七月，印数一万四千册。诗集中连三个组诗在内，共收诗二十九首。最早的一首诗，写于“一九四九年，成都解放前夕”，诗题为《江岸送别》，首段写道：**“江岸／黑暗的边沿／渡口／光明的起点……”**似乎，流沙河在以诗的形式，来迎接一座古老城市的新生。

在诗集的《后记》中，作者开头写道：“苏联诗人苏尔科夫说过：‘根据我们的经验和观察，一个人在十六岁到十八岁的时候，都爱写诗’。这本诗集里的第一首诗就是我十七岁写的。当时，我所在的那个城市还在黑夜里”。从那时到出版诗集的一九五六年初，“七年间，我们的祖国发生了震撼世界的变革，六亿人民已经在敲社会主义的大门了，亲眼看见这些变革，自己激动起来，涂了些诗"。

这可以看出，诗集中的作品，反映的是七年间国家的变化，人民的变化。当然，这中间，不能没有作者个人的变化和感受。一九四八年，还在省立成都中学求学时，流沙河就开始向成都进步报社《西方日报》投稿，发表的第一篇文学作品不是诗而是小说《折扣》。以后，小说、诗歌、杂文等，开始在成都《新民报》《青年文艺》月刊上刊出。第二年，流沙河跳级考入四川大学农业化学系。年底成都获解放，热衷写作的流沙河，决定放弃学业，回到故乡成都金堂县，先在县学联协助做宣传工作，后到县下淮口镇女子小学教书。因在《川西日报》副刊上发表演唱作品与短篇小说，得到副刊主编、作家西戎的赏识，很快，流沙河跨入报社大门。一九五二年他加入青年团，不久，调入省文联专事创作。一九五五年先后写出《寄黄河》和组诗《在一个社里》（编入集子时改为《社里的日常生活》），诗歌"发表后稍有好评，便写诗愈勤。此后才走上了写诗的轨道"。

在《后记》中，作者还写道："说到这些诗的缺点，那是多的。这都说明自己的努力太差，赶不上祖国飞跃的速度。"这显然是作者客套的歉词，他当时未必能说得清自己诗的缺点。否则，他不会写下这些基本属于配合形势的应景之作。然而，他的表态是真诚的，是积极向上的："流光似水，寸阴寸金，我不敢懈怠，得扬鞭跟上去。"

二十五年后的一九八一年，流沙河写有《自传》一文，忆及当年出版第一本诗集情景："几个月凑够了一本，第二年出版了，书名《农村夜曲》，现在读了很惭愧。"

一九五六年早春，流沙河将诗稿《农村夜曲》整理完毕，怀着愉悦的心情交给出版社后，即赴北京，出席第一届全国青年文学创作者会议。他后来回忆那段在北京的日子说："眼界大开，诗思大涌。会后被中国作家协会安排去采访先进工作者，并列席全国先进生产者代表大会。会后又求学中国作家协会文学讲习所（第三期），那是一个大出人才的学习班，美丽的北京给我以丰富的感情燃料，觉得到处都是诗。八个月里写了许多小诗，又凑够了一本，交给作家出版社。"这就是流沙河的第二本诗集《告别火星》，一九五七年五月出版，印数一万六千五百册。

一九五六年从春天到秋天的八个月，是流沙河春风得意的八个月。他自成都到北京，从北京回成都，都沉浸在诗创作的感奋之中。《告别火星》一书有《写在后面的话》，可以看出作者踌躇满志中的谦逊，他说："在诗苑里，我是一个初学走路的孩子，在《孩子会走路了》一诗中，我写这样的句子：'**舞着小手 / 移着双脚 / 孩子会走路了 / 他摇摇晃晃地走着 / 跌了一跌 / 又爬起**

来'。这便是我的自我写照"。

　　这里，流沙河把自己的诗歌写作，形象地比喻小孩学步。然而，相比第一本诗集，《告别火星》有更多可取之处。在北京，虽是走马观花式的旅游诗，却显出了诗意之美："**小船漂在湖心 / 晚星闪在天上 / 我们在水中 / 寻找牵牛与织女 / 小船飞上天了 / 在繁星间漫航 / 轻轻地摇浆 / 不要惊醒了沉睡湖底的星光**"（《夜泛北海》）。还有："**南瓜爬上屋檐 / 葵花眺望墙外 / 芍药忙着谈情 / 蝴蝶才去，蜜蜂又来**"（《夏》）。这清新的景象，犹如一幅农村水墨画。虽然，在诗集中，这样的诗占比不算太大，但远离喧嚣浮躁，远离口号标语，显得难能可贵，是经得起时间考验的诗歌佳作。比起"很惭愧"的《农村夜曲》来，《告别火星》"现在读了有些惭愧"，表明作者自我感觉显然比前者稍好些。

　　第一本诗集《农村夜曲》，从一九四九年至一九五六年，是流沙河七年创作结集。后一本诗集《告别火星》，是一九五六年从春到秋，八个月间的创作成果。从七年到八个月，时间上的不对等，却反衬出诗歌质量上的差异性，后者明显优于前者。多少年过去了，作者对自己写于二十多岁的少作，尽管有反思，有否定，仍有所偏爱。进入新时期的一九八二年，上海文艺出版社出版了他的第一本诗选集《流沙河诗集》，其中近半诗歌，选自早期这两种诗集，可见作者有着"不悔少作"的情怀。

谈流沙河的早期创作，不能不谈他的《草木篇》。一九五六年，对流沙河来说，是值得留恋的一年。他的北京之旅，继参加了青创会，又跨进文讲所，见到久仰大名的文坛前辈，结识了不少文朋诗友，其间参观访问，不亦乐乎。可是，在流沙河的一篇回忆文中说："在文学讲习所结业后，心情悒郁，回到四川去，在南行的列车上写了题名《草木篇》的五首小诗"。只是不明白，他何以"心情悒郁"。是过度留恋北京，还是事有不遂，就不得而知了。也许"悒郁出诗人"，诗人在回川途中，写下了给他带来悲喜交集的《草木篇》。从时间上推算，《草木篇》是可以选入《告别火星》一书的。因此书《写在后面的话》落款有"秋夜于芙蓉城"的文字，可见这部诗集最终是在成都定稿编成的。为何未选《草木集》，也许，作者觉得诗作不够成熟，需要修改再定稿。也许，他想先在报刊上发表后，再编入诗集。果然，流沙河回到成都，就参与了《星星》诗刊的创办工作。一九五七年一月，《草木篇》首发《星星》创刊号。五首咏物小诗，却招来全国性的口诛笔伐。共和国一号人物毛泽东说："不要因为有些《草木篇》，有些牛鬼蛇神，就害怕得不得了！"（《毛泽东文集》第七卷二五八页）。此后，流沙河被开除共青团，开除公职，服了二十二年的劳役，直到一九七八年摘帽平反。新时期初始，当流沙河获悉《草木篇》被选入上海出版的《重放的鲜花》一书，感慨地说："什么'鲜花'，野草荒木罢了。我不认为它有继续存在的价值。别人拉它去'重放'，恐怕是想借此说明二十二年前对它的认识有幻觉，今后不宜再发生可悲的误会而已"。流沙河先生语出幽默，举重若轻，此所谓"幻觉"与"误会"，乃是对文学创作的无情鞭挞、粗暴掠杀，让他付出极其沉重的代价，包括《星星》四位编辑，"右派"帽子无一幸免，小小编辑部在反右运动中全军覆没，还连累许多无辜者。这是中国文坛悲剧性的灾难哪！

俞天白：关注城市改革的作家

　　白驹过隙，时光骎骎。当年俞天白先生写作《大上海沉没》，倏忽间已二十年了。这部以上海金融改革为背景的四十万字长篇小说出版以后，反响强烈，受到了从中央到地方各大媒体的关注，得到甚多赞誉和高度评价。因为这部小说触及了不少社会问题，触及到当时很多人的心灵深处。也正因如此，这部作品引发了颇多争鸣。仅书名就受到指责：堂堂大上海怎么会沉没？在好评如潮与非议不断地激励下，俞天白继续写出《大上海漂浮》《大都会》《大赢家》等，总字数近三百万字，首开反映中国城市改革的长篇小说系列的先河。

　　在上海作家群中，俞天白是富有个性的，也是十分独特的。俞老师大我二十岁，我总以前辈作家敬重之。他是浙江义乌人，待人总是充满热情，又乡音不改，使人感到别样的亲切。

　　十多年前，我在一家刊物做编辑，俞天白相商于我，委托我写一部反映银行改革发展的报告文学。虽然此事因种种原因最终未能实现，但在与俞天白的交往中，加深了对他人品与作品的了解，获益匪浅。

曾经以《文学与金融的嫁接师》为题，写过俞天白的专访。他是一个不安分的作家。上世纪八十年代初，当金融业改革方兴未艾之时，他就将思维的触角深入到银行、证券业来。他谈到，那年他在银行办了一张储蓄支票，可以用来支付水电费，可以购物消费。然而，这张支票却到处碰壁，商家拒绝接受这玩意儿。这让他陷入深思。他想，金融是经济发展的血脉，金融工具不普及，城市经济就难以得到发展。由此，俞天白成为上海第一个深入金融、反映金融的作家，他结交了不少金融界朋友，他的身影常常出现在银行和证券交易所。我想，金融是严谨的，枯燥的，敢于以金融为写作题材，是需要有勇气的。俞天白就是这样一位勇敢的作家。在现实生活中，俞天白也是一位富有经济知识的作家，为了写证券，他就投资股票，亲自试水，积累了经验，更有了金融生活的体验。那部报告文学集《变幻莫测的面纱》，就是他深入金融领域采写的成果。他在报刊上开设财经专栏，以一个作家的敏锐眼光来谈银行、谈股票，深得圈内外读者好评。即使在日常生活中，比如在他自家的购房、装修等细枝末节上，他亦能谈出与其他文人不同的感悟，分析其中的经济常识和规律，令人称奇不已。

俞天白是写作的多面手，不仅写小说、报告文学、散文随笔，他非常关注社会，关注民生，以及文化建设、教育改革等等，会提出他的看法与建议。他的时评文章刊在《文汇报》上，广受关注与欢迎。这说明，俞天白是一个富有社会责任感的作家。他有宽广的视野，有作为一个当代作家的忧患意识，体现了一个知识分子的正义与良知。这些精神与品格集于俞天白一身，是极其难能可贵的，也是他有别于其他作家的过人之处。

在家庭教育的问题上，俞天白也有独到之处。他的儿子俞可留德十四年，获哲学博士学位。十四年间，父子俩通信达两千余封。俞天白不仅以一个父亲的角色，更从一个作家，一个朋友的角度，谈人生，谈生活，谈对世界、对身边琐事的看法，亲切、朴实。他把这些信汇编成一部书，书名叫《留德家书——一个本土作家和他的留德博士儿子的对话》。读着这部书，我不禁会想到《傅雷家书》，它们有异曲同工之妙。有人曾问俞天白：您的最好作品是哪一部？他脱口而出："我的儿子"。他成功地培养了一个博士儿子，他对儿子的教育是成功的。

俞天白还是我的"一字师"哪！有一次我将一篇小文请他过目，他很快看过，特意指出我文中句子"好记性不如懒笔头"中的"懒"应为"烂"，"好"与"烂"可以搭配。这可看出他的细心、认真，以及文字的功底。眼下，他手头一部二十多万字的长篇小说早已杀青。他要通过这部小说来探讨，在时代转轨变革状态下，总有人性的角逐，人性光芒的闪耀。人不管处于什么环境之中，也不论其身份与教养如何，人性是相通的，在人性上是能够找到平衡点的。为了使这部作品臻于完美，他已几易其稿，仍不肯轻易出手，一改再改，力求精益求精。他这就是俞天白，一个在当下社会与众不同的上海作家。

潘颂德：藏书研读皆学问

　　那天，到潘颂德先生家聊天，进门便见地上堆着一摞摞书，见我诧异，潘颂德说，昨天到福州路上的一家"淘书公社"去淘书，淘得《张中行散文精品集》，萧红《马伯乐》等，我说你书多得都没处放了，还在买书呀？他笑笑说，一下子买掉四百多块，回家拎得手也酸了。

　　一九四九年上海解放不久的一天，父亲看着已八岁的儿子，心想新中国的儿童更不能做"睁眼瞎子"，于是，决定把颂德送到附近的鹤民小学读书。儿子不负父望，不但门门功课学得认真，获得优异成绩，即使上写字课，一管毛笔在手，也是笔笔到位，把柳公权的《多宝塔》临写得像模像样。语文老师见之心生喜欢，上学期奖给他一支毛笔，下学期又奖给他一本大楷簿，这对一个勤奋好学的小孩来说，是多大的鼓励啊！由于有了"童子功"，潘颂德到现在写字，都是潇洒有力、清秀流畅。

　　上世纪五十年代初，父亲参加农村土改运动，在一户地主家捡到一册扔在地上没有书皮的书，便好奇地带回家给儿子看看。颂德随手一翻，便欣然朗读起来："《病梅馆记》，龚自珍，江宁之龙蟠，苏州之邓尉，杭州之西溪，皆产梅……"他越读越响亮，一旁的父亲颇感欣慰："倪农家后代，终于有了读书种子。"后来他长大才知道，有那么多经典美文的书，就是《古文观止》。

少时因家贫，无钱买书。他记忆中买的第一本书，是在初中时，他以家里给的一二角早点钱，买了沈尹默撰写的《怎样写毛笔字》。虽然没有成为书法家的宏愿，但从小把字写端正，写得好看些，则是他朴素而实在的想法。在"三年困难时期"，他用母亲塞给他的几个鸡蛋换来的钱，买了一本《安徽历代文学家小传》。这两本书，他至今还珍藏着呢。比较多的买书，则是在大学毕业踏上工作岗位后，因为他有了买书的经济来源。从一九六三年起，至今半个多世纪，买书买出了瘾头，要改也难了。

因此，潘颂德与我成了经常光顾文庙旧书市场的"淘友"。在我的淘书文章中，常常出现在文庙与他不期而遇的场景。周日文庙开门早，潘颂德虽然赶不上迎客高峰，但凭他的专业知识与不凡眼光，常能沙里淘金，斩获珍贵而价廉的书籍。他家里五六百本民国版旧书，大多是从旧书摊一本一本如觅宝般淘回来的。一旦可意之书得手，他就会情不自禁地讲讲这本书的内容与版本珍贵之处，让文友们分享他的淘书之乐。比如著名文艺理论家王元化，以笔名何典出版于一九四七年的《文艺漫谈》，至今还健在的一百零七岁的女作家罗洪第一本小说集、出版于一九三五年的短篇小说集《腐鼠集》，颂德先后在旧书摊淘得，曾请两位作家题签，弥足珍贵。

照理说，潘颂德夫妻现在居室有一百二十平方米，面积也不算小了。但家中大部分空间都让书占领了。连过道边靠墙根，也站立着一排排书橱。粗略估算，他有两万多册藏书，是名副其实的藏书家。他说，三年前搬家时，实在无法安顿好全部藏书，还有五十余箱书寄放在浦东一家物业公司仓库内。何时能让全部藏书大"会师"，各就其位，成了他的一桩心事。

称他为藏书家，是因为他酷爱书籍，淘书、买书成癖。其实，他的书不为藏而为用，绝大部分书均是用来阅读，用来查找资料的。他与那些一掷千金，购藏明版清椠的藏书家，或者为书籍投资增值而大量搜集珍本的藏书家，有着天壤之别。几年前，《东方早报·上海书评》记者对他作过访谈，刊在"海上书房"专版上，文章写得有趣："潘老先生讲得认真，坐得笔直，那双近视一千度的眼睛热情而明亮。他说其实自己的故事和无数爱书人一样普通。"他外出到哪里，就把淘书的活儿带到哪里，北京、南京、杭州、成都、香港等地，甚至日本、澳大利亚等国，都留下他淘书的身影。

为了研究新诗理论发展历史，潘颂德找出了他历年淘得的相关旧书，如胡怀琛的《新诗概说》，冯瘦菊的《新诗与新诗人》，艾青的《诗论》，任钧的《新诗话》等。为掌握更为丰富的史料，他几乎天天换乘三部公交车，从城市东端居住地，到西南一隅的徐家汇藏书楼，一头钻进故纸堆，先后查阅了几百种民国年间各种报纸杂志，大海捞针般寻觅有关诗歌理论批评的零散文章，一篇篇抄录，制成一张张卡片，以便检索和考证。整整用了六年时间，他甘愿坐冷板凳，抄写了五六十万字的原始资料。他下的是苦功夫，体现了一个学者的"工匠精神"。在互联网不发达的八、九十年代，他积累史料要付出几倍、甚至几十倍的心血。二○○二年八月，一部五十多万字的皇皇巨著《中国现代新诗理论批评史》，由上海学林出版社出版，此书填补了我国现代新诗理论批评史研究的一个空白，国内外媒体与专家学者好评如潮。

重庆兄，我来迟了

我实在想不起，认识徐重庆的时间和地点。但是，却清晰记得，是重庆兄介绍我认识章克标老先生的。

依稀觉得，结识重庆兄，应该始于他的一部名为《文苑散叶》的书。大概十多年前，我偶然购得此书，好像恋爱中"一见钟情"似的，就捧在手中先睹为快。这些关于现代文学的人物与佚事，这些史料丰富、翔实且新鲜的文字，可是我阅读的最爱。后来，不知怎么会弄到徐重庆的地址，就冒昧把书寄过去了。很快，书又原样寄回来了。只是，里面扉页上多了三个红的印章和一段题词："孔子圣人其学必始于观书。韦泱先生寄来拙著嘱题字，唯书不值一读惶愧万分，录欧阳修句以答雅意。癸未五月二十三日徐重庆于湖州"。

也许，就从这时始，我们鸿雁往返，热络不断加温。

一次，他电话中告知，说老作家章克标到上海定居了，有空可以去认识一下，请他签签名写写字。末了，还不忘给我联系方式。对我而言，这个信息正中下怀，太及时了。于是就去了，就与老先生成了忘年交。多册章老的新旧著作，请其一一签名钤章。我还自拟了一幅对子，请他一挥而就："文坛无捷径，登龙须有术。"

二〇〇五年一月，章克标因病辞世。徐重庆从湖州专门到上海送章老最后一程。追悼会上，我与重庆兄，算是第一次见了面。这天，由沪上书画家陆康先生做东，请了一些朋友到一家市区酒店小聚。重庆携我同往，我怯生生地说，吃饭的人我都不认识。边说边欲开溜，他一把拖住我说："有我在怕什么！"委实为我壮了不小的胆。席间，听陆康滔滔不绝夸重庆兄，尊敬之情溢于言表。陆康以篆刻见长，何以对治新文学史料的徐重庆赞赏有加，那一定是基于重庆兄的道德文章了。

对于现代文学，重庆兄是自学成才的典范人物。他一直是湖州电影放映公司的普通职工，属于草根一族，自称"人间过路者"，却是出道颇早的研究专家。上世纪六十年代初，只有十七岁的徐重庆，阅读了茅盾先生的著作《鼓吹集》《鼓吹续集》，似有所疑问，就斗胆提笔给茅盾写信寻求答案，居然得到了茅公的诚恳回信。这样的释疑之信，茅公前后给他写过五封，可见他对现代文学研究之细致。从一九七七年他在《文史哲》上发表第一篇新文学书话《鲁迅与斯诺的革命友谊》起，就没有间断过这个专业的研究。那时，他的文章常常"出口转内销"，由海外率先发表而影响波及大陆。香港的

《文汇报》《香港文学》《澳门日报》《读者良友》等，都是他用武之地。他研究鲁迅、郁达夫，专文就有几十篇之多。他还研究长期被主流文学"屏蔽"的边缘文人，如刘延陵、于赓虞、黄萍荪等人，披露了许多鲜为人知的文坛史料。

重庆兄写得不少，却难得出版自己的专著，这固然有纯文化类书出版难的因素，更因为他把大部分精力，花在了"为他人做嫁衣裳"上。他为老作家编书出书乐此不疲。有的书出版不了，他就自掏腰包，为其编辑印制。最显著的事例，就是《赵景深日记》一书，他搜集整理，不知投入多少时间，最终却出版无门，他就出钱印刷，分赠友好。其侠义善举，显示一个文人的豪情。

说重庆兄嗜书如命，一点不算夸张。他上海的朋友多，就遥控购书，除了我，他还写信给陆哨林、俞子林等。他说上海与湖州同属吴语区域，方言有不少相通处，让我找一册刚出版的《上海话辞典》，还在信中夹来购书款。这可以看出他的真诚。可遇到这样的事，我就烦心，购书好办，但却多出一个退回钱款的事。我多次抗议，他才不夹现金来了。但凡他编写的书，一律快速寄我。有的书，不是他编写的，如大部头的《晋韵流衍——沈尹默书法艺术精品展特集》《湖州馆藏陈梦家的明清家具全集》等，他也想办法给我弄了寄来。甚至他把复本《文艺阵地》三厚册影印合订本，也不怕厚重不怕麻烦想尽办法给到我手。

　　重庆兄的好友陈梦熊先生病故后，其家属找出重庆几十年中给陈先生的两百多通信，说其他人的信都处理了，这些信让我收留。我建议仍由书信的主人收藏吧。家属同意，我就电话重庆兄，他客气地说不用给他了让我收下。我说这里有不少现代文学史料，你更需要备用。这样就说服了他。我把这些信快递去了湖州。我与重庆最后的交往事由是，他获悉乍浦顾国华先生编的《文坛杂忆》要正式出版全编本，就嘱我设法给他留一套。可是，书弄到了，却无法交他一页页翻阅了。二〇一四年十月，当我听说他突然脑出血昏迷不醒的消息，头脑就轰的一下炸开了。这可是无妄之灾哪！我天天默默祈祷，盼望他早日醒来，恢复知觉。这样，我就可以去湖州看望他，与他见面，哪怕聊上一二句话。可是，从浙江友人范笑我、夏春锦等询来的消息，总是不容乐观。

　　我不能再等了。在十月底的一天，我的心，驱使着我的脚，急急赶往湖州。在湖州中医院，张建智兄陪我登上四楼重症监护室，轻轻走近重庆兄，见他身上插着管子，输着鼻饲，喉口也已切开。我心头一阵难过，低声说：重庆兄，我来迟了。据守护在旁的重庆胞弟徐湖先生说，重庆有一阵时间稍有感觉，能听懂话音，用摇头或点头作出轻微的表示。可是，我来迟了。没有遇到这样好的状况。

　　重庆兄与我亲如兄弟。如此兄长般的书友，我扳扳手指也数不出几个。如今，他不省人事，我远在上海倍增思念，可见了面，却心如刀绞。

　　我不敢说，重庆兄的病况会出现转机的奇迹。但愿他在病榻上减少痛苦，平安稳定。而重庆兄高尚的学者风范，将永远铭记在人们心头。

陈子善：瘦并精神着

　　子善陈姓，读书界鲜有不知其名者。清瘦的子善，用"文弱书生"来形容，最为恰当。我们虽同居上海这座城市，却难得见面。这主要是因为子善的时间大多填入书海中了，过于为书而忙碌。但见面说难亦不难，常常是不期而遇，要么在文庙书市，要么在古籍书店博古斋，或者是四川路福德旧书店。还有在旧书的交流会，藏书票的鉴赏会，现代作家的研讨会等。这样说来，我与子善的见面就不能算少了，于我这真是一种福缘。

　　子善说："我不敢说自己已经事业有成，却乐于承认是一个书痴。"我看，前半句自然是他的谦词，后半句倒是他颇引为自豪的肺腑之言。以"书痴"而自居者，必定是一个嗜书如命的书人了。子善先后出版了《遗落的明珠》《中国现代文学侧影》《文人事》《捞针集》《生命的记忆》《海上书声》等专著，这就足以显示出他在现代文学研究领域及书话写作上的勤勉与分量了。而更为让我肃然起敬并为之钦佩的，是子善搜集、编定了郁达夫、周作人、梁实秋、台静农、张爱玲、叶灵凤等人的佚文集。对此，藏书家姜德明给予了高度评价："这是带有创造性的一种抢救史料的工作。"这不但给读者提供了这些作家尽可能完备的优秀读本，也给研究者提供了可资考证与辨析的新的资料。所以，前辈黄裳先生要发出"实在是功德无量的事"之感慨了。

在《海上书声》一书中，有一辑"编书心影"，洋洋洒洒汇集几十篇前言与后记，可以看出他为此付出的心力，探幽发微，拾遗补缺，很下了一番"考析佚文真伪，钩稽文坛轶事"的苦功。编书既多，书友便又送他一个"大编家"的雅号。而子善却把这些看做是现代文学研究的基础工作，一个人文知识分子的责任使然。

不仅如此，子善还常对书界现状发出切中时弊的感言。他在《书店：大都市的标志》一文中指出："大都市不能没有各式大小书店。必须营造一个优雅宽松的读书和淘书环境。"在一次会上，他也谈到，日本的旧书业十分繁荣，但最吸引人的还是旧书店的书目，且印制精美，向读者赠阅。而我们国内专供学者专家使用的这类书目几乎是无法实现的奢望。在另一个场合，子善亦讲到，现在有了拍卖行，好的版本书籍在那里拍出了高价，而真正的读书人却限于财力，无缘得到这些至为重要的宝贵资料，这对学术研究自然是一种缺损。子善的这些忧虑和思考常常引起读书界的共鸣。

说来凑巧，偶在一次上海藏书票爱好者的聚会上，听到子善侃侃而谈，谈得都是藏书票的知识，我庆幸自己成了一个旁听生，而书友也是沪上藏书家的瞿永发则搬出了一大沓平时秘不示人的藏书票珍贵版本，子善讲解完一本，永发就递上一本，很快就将《国际藏书票精选》、《日本版画藏书票选》、光绪年间严复《天演论》等六七本书评说完了。爱屋及乌，子善从爱书而爱上藏书票，研究藏书票，进而积累了丰富的藏书票知识，还写下了不少关于藏书票的掌故、史料、赏析类文章，这在读书人中是不多见的。

既是书人，书必多无疑，而与此成反比的却是，他的居处十分局促，卧室的大半、地上、椅上全堆着岌岌可危的书。客人访谈，不得不受点委屈在厨房的过道上进行。好在书友们不但对此毫无抱怨，还对子善多了一层敬意。好在结束这样的局面已为时不远了，子善说他已为书找好了新的居处，只等装修完毕，书与人一起乔迁了。那我就先在这里向子善道喜并送上内心的祝福。

薛冰：望七之年啦！

望七之年的薛冰兄，仍热衷于逛地摊淘旧书，这不能不令人肃然起敬。如果说当今众多淘书爱好者中，谁是标杆式人物，那非薛冰莫属了。

在上海在南京在天津，我都有过跟薛冰去淘书的机缘。他眼光独到，又是砍价高手，往往一册珍贵旧籍，他能以最廉的买价轻易得手。我看他拿起一种普通的本子翻翻，就很快一边与摊主谈妥价钱付款走人，一边悄悄地对我轻声说，这是早期一位诗人的手稿本。在另一摊位上，他把手中的音乐书翻了一二页，就快速收入囊中。我不解地看着他，他笑笑说，这是江苏一位作者的签名本，印数很少只一千册，以后再找就难了。

这叫什么？这叫"识货"。

只有长期在旧书摊里浸淫之人，才会炼出如此毒辣的"眼火"。

已记不起何时何地与薛冰见面相识的，大概总离不了《开卷》这本小刊物吧。新世纪伊始，《开卷》在南京创刊。后来在刊物举办的一个什么活动中，终得识荆。其时我已在《开卷》上读他的《淘书札记》连载，一期期看得津津有味。那些年，也是我淘书最疯狂的时期。

如果再要追溯与薛冰更悠久一点的缘分，那之前我订阅过他主编的《东方文化周刊》。在我眼中，这是当年办得最好的一份文化周刊，可圈可点的佳文甚多。再者，就是我读到的第一本书话集，也是他的第一本书话专著《旧书笔谭》。当然，彼此还不认识，但恍惚感觉他熟知我的心思。他在书中写的文字，都仿佛写到我心里去似的。比如"我对古旧书发生兴趣，最初完全是出于实用，很希望能从未曾再版的古旧书中，发现一些可资利用的新材料"。再比如，"一本书，如果已经到了韶华褪尽，蓬头蓬脑，还能引起人们强烈的阅读兴趣，它才可以被称为旧书"。更不用说，那一篇篇因喜得佳本，或考证或钩沉的书话文章。这些写于上世纪九十年代中期的书话，于今少说也有二十年光景了。

既然薛冰兄关于书的话，与我喜好颇为契合，那么，几年前在我出版《旧书的底蕴》前，就毫不犹豫地把写序的苦差扔给了他，索性让他直接拿我的书话"开涮"，哪怕横挑鼻子竖挑眼，只要谈旧书谈淘书，都是我所乐意的。其实是想借机多听听他满腹经纶的高见。果然，他说："严肃的书话写作，常迫使作者精读苦研，疑点不容疏忽，断语不敢轻下，于其治学自不无裨益。"

他又说："书话虽属小道，可没有学问写不来，有学问也未必写得好，不可或缺的，当是一种气质，一种对于书的特殊感情。"薛兄仁慈，不肯说一点点伤心我的话。

一次，乘薛冰来上海讲课之余，得品茗谈书之乐。他说："写书话正适合我们这号爱旧书爱动笔的人来做，学院派写惯了高头大章，不屑于这琐碎写作，或因没有旧籍史料，难以下笔。文化欠积累的人，更干不了这个活。"话语中，颇有几分得意和自信。

这些年，依赖东寻西觅来的各种旧书资料，薛冰年年有书话专著出版，从《版本杂谈》《拈花》《纸上旅行》《风从民间来》《旧家燕子》，到去年的《饥不择食》，今年的《拾叶集》。他的书话，都是利用自己丰富的藏书一个个专题做出来的。以《风从民间来》说，是写民歌专题的旧籍与资料，仅此他就找出斋藏六百多种相关书籍，而这些宝贝都是他一次次南征北战淘书所得战利品。我还没见过第二个将藏书分门别类做成那么多专题的爱书人。那么，是否拥有这些旧籍，就能整出一本本专题书话呢？我悄悄地问过他，回答当然是否定的。我想，这不是把各种掌故、轶事从书页中找出来那么简单的事。这里大有学问，要鉴别比较，要分析取舍，要归类审视。书话与书评根本的区别在于，书话以史料说事，是字字有来源，句句有出处。所以说，写书话，珍本史料与写作思维缺一不可。写一本初版平装书的源流，首先要以真实的出版物为依据，书名作者年份版次印数出版单位等，都得一一坐实。有了原版本，有时还会看出自相矛盾处，一本书有时有两个地方出的版本，都印第一次印刷，查看日期，可断定真正的初版本和错版本。仅此一例，就可看出旧书中的问题有多复杂，书话的写作难度有几何。

这样说，薛冰是专写书话的行家里手。其实，我很难把他作简单的归类。他早年在工厂做工的时候，开始与文学沾上边，写的是小说，长篇小说从《青铜梦》《群芳劫》，一直写到近年出版的《盛世年华》。这小说家的称誉，他是当之无愧的。

文人常犯管闲事的毛病，倔劲一来九牛拉不回去。城市的拆迁和造房与你薛冰有半毛厘的关联吗？可他硬是给拧上劲了。看到一处老墙一片旧屋将要消失，他心急如焚，拼命阻止，显示出文化人的责任担当。从小的说，他是怜惜民国年代的旧砖残梁。从大的说，他是保留城市的记忆，传统的文脉。近来他花费不少时间，深入研究城市文化，写出《南京城市史》这样非常专业的专著。我真不知道，他在城市保护这个领域，还会闹出什么大动静来。都快迈入七十门槛了，我想劝他，还是省点劲弄弄旧书吧。不知他听不听得进，因为他的耳朵确实不太好使，过早戴上助听器哪！

龚德明：到成都找龚兄

　　去成都公干，行李甫卸，第一件事就是去找龚德明兄。就淘书而言，除上海本土外，龚兄是我见到的"凶猛"的一位淘手。正如鲁迅先生所言：读书人买书当如绿林好汉买"盒子炮"似的为身家性命之事。

　　那次一到成都，直奔静安路五号，在川师大文学院的长廊上，与龚兄闲坐喝茶聊天。他说家里正在装修，说着把我带到门内的一间大屋，乖乖，他把家里的书房书桌全都挪到这里来了，等同于文学院的图书馆了。

　　找到龚兄，我才能安心地跟着他，去木斧的家，去流沙河的家。都是第一次去见两位诗坛前辈，路生地不熟的。找到龚兄才能顺利见到心中仰望的诗人。

　　说龚兄是"凶猛"淘书人，那我可是眼见为实、铁板钉钉的见证人。那年夏天，他与大胡子彭国梁到上海参加一个读书活动，入住福州路上的老正兴酒楼。约好早上见面，我与福眠兄敲开房门，忽见两个汉子光着膀子还没起床哪。见我们来，龚兄头一桩事，就是从床上跳将下来，打着赤膊拎起一捆昨天淘来的旧书，如数家珍般——道个来龙去脉，如何淘得价位几许内容少见等等，我们得以一饱眼福，分享他的淘书之乐。可见，他把"凶猛"的淘书劲带到了上海。

还有一年，记不得龚兄来上海开个啥子名堂的会。会议间隙，我陪他到福州路上图公司四楼旧书店淘书。在一个书铺里，他看中了一册章衣萍作品集，他对章感兴趣，正研究章哪！经过一番讨价还价，加上我在一旁敲边鼓，可降价有限。龚兄咬咬牙掏出了三百银子。我暗忖，这个价位离龚兄的心理价位尚有不小的差距。放在现在，当然不算贵了，可十多年前，可是天价啊！这就是龚兄"凶猛"淘书又一例。

更为"凶猛"的是，他对现代文学史料挖掘的那股子钻劲狠劲。有人给了他一个很形象很贴切的比喻，说他是研究新文学的"福尔摩斯"。全世界都熟悉英国作家柯尔道南笔下的这个侦探高手，却不一定知道弄中国新文学史料的一拨人中，也有个"福尔摩斯"。我等喜欢现代文学这一边缘学科，大多写得浮光掠影，谈谈版本，说说装帧，加一点人物的轶事。可龚兄不，他不走常人套路，他有"打破砂锅纹（问）到底"的勇气。众所周知，他弄《〈围城〉汇校本》，缠了一身官司，他不怕比他名头大得多的人物。他的顶真耿直，却赢得了大家的尊敬。他责编过《董桥文录》，那时董桥在大陆还没啥名气，出这样的书，也是要冒点风险的。事实证明，董桥走红大陆读书界，龚兄做了开创性的工作。龚兄有穿透迷茫的锐利眼睛，有明察秋毫的职业敏感。新文学发展史中一些不易引人注目的"蛛丝马迹"，在他的笔下，都会显露原形，还以本来的真实面目。从早期的《新文学散札》到《昨日书香》《文事谈旧》等专著，可以看出，他下的功夫之深，涉及的范围之广，难有企及者。他揭示出新文学史上的不少真相，填补了许多专题研究中的空白。他有一文《〈辞海〉中的徐志摩》，写作角度非常刁钻，他从人人知晓的《辞海》入手，写出了别人想不到的《辞海》条目中对徐志摩评价的变化。他的不少文题如《〈鲁迅日记〉和〈野草〉两则注文欠确》《偷摘纸型盗印的〈浣衣母〉》《艾芜等十二人"座谈"周扬在哪一天》等，都不是泛泛而作，而是据实研究考证，有着"福尔摩斯"式的高妙手法。龚兄曾对自己的考证工作有如下的感叹："稍微动点考证的劳作，也就是多翻几册相关的书刊，便可以让历史活起来。历史本来就是活的。"

我以为，百年来的现代文学发展史中，考证类的书话文章，是当今最具质量也是最具价值的研究成果。而龚兄所表现出来的严谨学术态度，就是现代文学研究领域中应大为倡导的"工匠精神"。在一代代新文学书话作家中，龚兄是一位不断继承前贤、又不断超越前贤的艰苦卓绝的拓荒者，而并非如他自己所说"多翻几册相关的书刊"那么轻松。

2016 年 12 月 31 日

李福眠：有福之眠的人

　　一日，李福眠在电话中说："我要退休了。"他不经意的一句话，我心头却咯噔一下，如梦初醒。倏忽间，福眠已年至花甲，造物真是弄人，时光亦不肯等闲啊！二十多年前，我造访他在天钥桥路上逼仄的寓所，坐在小板凳上与他闲聊的情景，仿佛就在昨天。

　　一九八九年，福眠以"老三届"初中学历，应聘考入《文学报》，凭的即是对书的挚爱，他的学识多从书而来。那时报社坐落在湖南路上的交响乐团驻地，我在高邮路电力局机关上班，两条路近在咫尺，午休时就会踱到他处小坐，听他谈叶德辉，谈谢国桢，听得我一头雾水，不甚了了。那时我热衷"新诗潮"，满脑子的奥顿、帕斯、北岛、顾城。直到九十年代末，我的兴趣转到文史，爱上淘书时，才恍然大悟，福眠已在此道上疾行远走，遥遥在先。过了一两年，他悄然赠我书话新著《天钥书屋散札》，把读之下，豁然开朗，顿感书话园地别有洞天，引人入胜。福眠娴熟于书话写作路数，已卓立书林，自成一家。他的文言功力，他的文史博识，令人读后难忘，实难企及。一个没有任何头衔的人，却满腹经纶，学富五车。

其实，福眠少时嗜好金石书画，浸淫笔纸砚墨，出入书画名家顾飞、徐伯清厅堂。还时常握管操刀，颇得颜体神韵、汉晋印风。为此，他在冷摊寻寻觅觅，尤其于旧书店的顶架、角落，绳结蛛网处，独具慧眼，淘得珍籍如《芥子园画传二集》、鲁迅选编《比亚兹莱画选》初版本等。同时，淘得周作人《知堂书话》、郑振铎《西谛书话》、孙犁《书林秋草》、唐弢《晦庵书话》、黄裳《榆下说书》、姜德明《书味集》等，并开始在《光明日报·东风》《文汇读书周报》上刊发书话作品。他钩沉辑佚，在清末民初的版本考据上下力甚深。

在书话界，书友们读其文其书，评价颇高，然对其人其事，了解甚少。老画家韩羽与他通信二十余年，得他赠书多多，如《幽繁影》《东坡志林》《清代文字狱档》等，却缘悭一面，说："直到现在，福眠还在我的想象之中，是胖是瘦？是高是矮？岁数可能比我小，或者是一口吴音。"何以如此，盖因福眠所抱淡泊低调的处世哲学。犹如武侠小说中深藏不露、身怀绝技的高人。在圈子里，可能我与他接更多些。他不善交际，更不喜夸夸其谈，平日少言寡语，埋头做事。他不会应酬，难得在饭局上见他一面，桌上说话最少的准是他。有人会以为他怪癖，清高，孤傲。那可冤哉枉也。俗话说"话不投机半句多"，他只是说话的圈子小些，一旦遇到知音、同好，他的话并不少。我们常常夜阑至深通电，提起话机却一、两个小时欲放不能，聊书聊得恣肆放胆，无边无涯。

福眠内人是商海女杰，本与他兴趣爱好南辕北辙，然却十分理解他，以嫁给一个纯粹读书人而自足，并为之备妥书房，书橱，书桌，使他安于清贫，甘于寂寞的书人生活有了保障。这是福眠的福分，抑或是他命定的缘分。

福眠在报社效力二十年，心无旁骛。以他的学问功底，做一个文字编辑绰绰有余。然而，他却一直做着"责编"后的"技编"工作。过去叫"划版样"，现在称"版式设计"。说实在话，这活儿不大被人看好，他却乐此不疲，二十年如一日，默默地钻研此行，能说出许多道道来。比如版面的疏密，图文的搭配，标题的制法等，听来极富艺术性。他爱好美术，这版式设计就与他的爱好相吻合。他文字了得，却不做文字编辑，我可以认为这是屈才吗？现在想想不是，他把一种爱好花在"日日坐班、以防饥寒"的工作上，把另一种爱好用于"默然耕作、墨渖将馨"的业余写作上，不是可以兼顾并进吗？！难怪未曾听他对排版这活有过半句怨言。

如今福眠退休了，可以有更充裕的时间，重拾金石书画之好，沉潜"砚田笔耕"。他以"布衣书虫"自谓，以"不生外慕"自律。二〇〇七年中，他又倏然赠我一书《疏林陈叶》，这是他的第二部书话集。这种不事张扬，埋于学海，若干年后，成果迭出的学风，真令人钦佩。福眠大我十岁，当是亦师亦友的同道。在今日浮躁世间，这样的友情不可多得，我视若金子般珍贵，慨叹"吾道不孤也"。

福眠难得上镜拍照，但有一帧给我留下深刻印象。那日，他午间稍憩，报社同事、摄影家徐福生正巧撞见，悄悄摄下这一小景。照片经技术处理，放大后凸显石版画那种粗粝、朦胧、富有质感的艺术效果。画面上，他仰头侧靠在椅背上，一副老花眼镜架在额头，似乎刚读完一篇美文，陶醉其间，怡然入梦。这真是书人的有福之眠啊！

张军延：藏家本色是诗人

上海是个海。在收藏圈子里，确实茫茫无边，可谓藏龙卧虎。以我二十多年淘书、藏书的经历，竟不知在上海西南一隅，有个同样嗜书如命的张军延先生，他的藏书居然还挺有特色。我感叹自己真是孤陋寡闻哪！

一日，在朋友引荐下，我来到位于莘庄的一个普通小区，在小区里的一幢普通住宅的两楼，抬头一看，"半屏书屋"映入眼帘。主人张军延生于一九四五年，曾任广播电视台记者、编辑。作为闵行区收藏研究会会长的他，谦逊地说，这是一间不住人的鄙室，专门用来放放书的。房间确实不大，两室户加起来也就二十来个平方米。装修、摆设也像主人那样，很简朴。这样的房间环境，时下已很难见到了。但是，"山不在高，有仙则灵"。在沿墙简陋的书橱内，一排排书码放得可是整整齐齐。不但整齐，还分门别类，做到数学口诀所说的"合并同类项"，可见主人的认真与心细。

我粗略一观，可以看出主人张先生的藏书兴趣与研究方向。这些书，大致上有两大特色，一是诗歌资料，二是地方文献。对于地方文献，我没有多少发言权。只是觉得，他的收藏目标清晰，开掘深入。他把早年上海县及合并后的闵行区的地方史料，悉数找齐，具体到一个个乡镇、村宅的志书都一一觅来，如《塘湾镇志》《杜行镇志》等，很多都不是正式出版物，而是当年的打字油印本。这些地方志，弥足珍贵，连一些图书馆、档案馆都没有或不齐。有了这些收藏，他撰写起文史小品就有根有据，娓娓道来。文章写得多了，就选出几十篇，编成小册子《"倭井"那个故事》，以留闵行地区的雪泥鸿爪。

而诗歌书籍的搜集，是陈先生最有特色的收藏。从称为古籍的线装本，如清刻本等，到民国时期的铅印本，再到名家诗词的自印本，甚至"文革"期间出版的诗集，现在都难得一见，如《工农兵诗选》《文化大革命颂》《颂歌献给毛主席》等，他都应有尽有。

张先生怎么会收藏起诗集的呢？我正疑惑着，他赠我一册《半屏诗词选》，我恍然大悟，原来"藏家本色是诗人"啊！

这本由科学文化艺术出版社出版于二〇〇五年的诗集，至今已有近十个年头了。他在《自序》中写道："一卷诗，百多首也，起自一九六七年，止于一九九七年，三十年的光阴，平均计，一年才几首。写过新诗，无奈激情难再。唯有格律诗，断断续续，一直在写，从这点上说，倒是从一而终的。"

看来，张先生是先爱上写诗，而后爱上收藏诗集的。在写诗上，张先生也是出道蛮早的一位，而且是新诗、旧诗都有涉猎，这在诗人圈中，也是不多见的。他最早的旧体诗写于一九六七年，是"文革"开始不久，如《校园派斗》：**"半夜掀波校舍内，一场派斗雨烟中"，**仿佛把我们的记忆带入了那个腥风血雨的岁月。七十年代初，张先生开始写新诗，以贺敬之、郭小川为效仿榜样，一组《野营诗草》，也留下了那个特殊年代的烙印，如：**"战士紧握大爷的手，满心话翻作热浪滚"。**当然，从质量上比较，他的旧体诗明显优于新诗的写作。尤其是新时期初的一些旧体诗，如《晨游西佘山》等。虽然我无法将他的旧体诗说得无限夸张、无懈可击，但能达到这样的水准，是付出他的努力的，也可称当今中青年中爱好旧体诗的佼佼者。

爱屋及乌。由写诗而寻找诗集，开始养成淘书的习惯。他的身影，常常出没于福州路的博古斋、南市的文庙等地。一次，他偶然淘得一部一九三七年印刷的线装铅印本，且是从图书馆流出来的，书名为《蠖楼吟草》，一看作者，是安徽合肥李国杰，这不就是李鸿章的孙子吗？！由于张先生曾有过一段在安徽执教的工作经历，对徽州文史甚为熟悉，写过不少这方面的文章。所以，他一眼就识得李国杰的诗集，且有合肥的龚心钊、堂兄李国松等为之作序。关于这些诗作的由来，李国杰曾对李国松说："自吾以讼累病困，羁留上海医院更三载有余，积烦冤愁苦，无所告语之，怀郁不得舒，则姑以诗自遣。"

　　这样的自印诗集，常常是油印本，因蜡纸印数所限，一次只能印几十本至多数百本。几十年过去了，存世量就十分稀少。由于张先生的有心，将这些散于旧书肆、地摊上的宝贝一一捡回，如张之洞的《广雅堂诗集》，翁同龢的《瓶庐诗抄》，以及青浦《瘦东诗选抄》，戴克宽的《果园诗抄》，陈声聪的《兼于阁诗》，富寿荪的《晚清阁诗存》，周退密、徐定戡的《于喁小唱》，苏渊雷等的《东山同人集》等等。这些先后收得的诗词集，张先生总不让其闲着，时而摩挲翻阅，偶有心得，便发而为文，特以"半屏书屋藏书笔记"为题，一一写下，已积累了几十篇。这些文字，即留下了他淘书、藏书的心迹。

陶继明：相识在嘉定

一天，与文化老人丁景唐聊天，就聊到了文化古城嘉定。丁老说，我在新中国成立前做地下工作时，被敌人列入黑名单，曾到嘉定友人处避过风头。顿了下，他取出一本书，说"这是嘉定的一位书友出的书，你拿本去看看"。这一看就看得放不下手了。这本书叫《疁城漫笔》，著者为陶继明。名字似曾相识，在报刊上见到过。书的扉页上，丁老已为我题签并钤印："诗友韦泱存念　老丁。"两方红印一为名章"景唐"，一为闲章"桃花流水"。煞是可爱。是书开本细长，厚实，印制亦精良。

第二年七月，我正巧有机会去嘉定公干，便带上《疁城漫笔》上了路。于是，在坐落于高宏、古雅的孔庙内嘉定博物馆办公室，第一次见到了陶继明。极朴实热情，带着嘉定本地的口音，有一股泥土的韵味，亦显出传统谦恭的礼仪，一派儒雅的乡间文人气息令人别开生面。我环顾孔庙大成殿前后，但见古柏参天，绿树成荫，雕梁画栋，碑刻毗邻，不禁为之感叹：这可是养文人之气的圣地啊。继明在此工作，如鱼得水，真个是"老鼠跌进了米缸"。

我对他说，丁老四十年代就出版诗集《星底梦》，是诗坛前辈，却常以诗友唤我，真不好意思。继明说，他生于斯长于斯，六十年代在嘉定新华书店工作，在员工培训班上，听时任上海市出版局副局长的丁景唐讲课，就被吸引。以后便常向丁老问学受业。我将《嫏城漫笔》取出递上，他写上"陶继明于古嫏"。当晚我回家后在旁边写道："陶继明亦系丁老学生，交往久矣。其《嫏城漫笔》由丁老转赠我。今赴嘉定办事，前去拜访，并请他签名留念。此为以书为媒也。陶兄甚有文人气息，为人诚恳好客。"一册书的扉页上，留有三人的手泽，当是一段值得嘉许的书话，说明彼此是那么的投缘。

这天，继明还赠我《嘉定文化志》《伴您嘉定游》等由他主编的多种书籍，使我满载而归。更使我心满意足的是，结识这样一个远离尘嚣、蛰居乡间、浑身脱俗、不事张扬的读书人。这里有着一种源远流长的文脉。我知道，作为一座文化古城，嘉定历朝历代文人辈出，有记载的就有归有光、钱大昕、谭正璧、陈冰夷、陆象贤等数十人。继明还广结文友，黄裳、袁鹰、葛一虹、金性尧等，常相联络。浸润在这片文化的氤氲之中，他敬慕乡贤，埋首于乡邦文献的梳理与考证，常有所得，并形诸于文字，发乎于报章，使文化古城的历史风貌与传神人物，得以远播海内外，其情可感，功莫大焉。

我对上海具有历史文化意蕴的几处胜地情有独钟，市内的有老城厢，郊外如嘉定、松江等地，有暇常去闲逛。对嘉定当不算陌生。每次去，总要到汇龙潭、秋霞圃漫游一过。亦每每想写下点文字，记下对这些幽雅之地的点滴感想。然阅览继明写的"龙潭春汛""秋霞韵语"等篇什，其文情并茂，写景记人叙事皆娓娓道来，如数家珍，便从内心深为折服。嘉定人写他熟悉的生息之地，谁人能比。作为外乡人，我岂敢饶舌，写啥劳什子文章！于是作罢，甘心地搁下笔。用一句嘉定人的口气叹说：算哉！

陈克希：与旧书打交道的人

　　说起陈克希，人们未必知晓。说起虎闱，确是耳熟能详。近年来，陈克希以虎闱、沐目等笔名，在上海及全国报刊上写了不少有关古旧书刊收藏、拍卖的文章，引起了业内人士及读书界的颇多关注。

　　上海及外省市的读书朋友每每路过沪上著名文化街——福州路上的"上海古籍书店"，总要进去转悠一番，一则淘淘旧书拣拣"漏"，二则看看克希聊聊天。陈克希总是热情相待，其真诚率性，令人获益匪浅。难怪他的文朋书友那么多。沪上书友都喜欢称克希为"与旧书打交道的人"。

　　确实如此，陈克希与旧书厮磨了二十多年了，可说是肌肤相亲了。作为"老三届"，他在黑龙江农场修了十余年的地球。"四人帮"粉碎后，才得以回到上海。子传父业，他成了上海图书公司的一名职员。从事古旧书刊的整理、鉴别和定价工作。在书店老先生的悉心带教下，好学善问的陈克希果然日见长进，练就了一双识金的慧眼，一册古书旧刊，经他手中一掂量，便能说出个子丑寅卯来。这绝非一日之功，长期的耳闻目染，勤于钻研，他终于成为业内行家。

无疑，时下"古籍善本"的价值已为书界所认同，并达成共识。但最早提出"古籍善本"是华夏第一收藏这一观点的，则是陈克希。不然，上海图书馆怎能会不惜重金，从美国购回翁氏所藏的中国珍贵的古籍善本。在拍卖市场上，宋、元版的刻本拍出几十万、上百万的已不足为稀。

说起书，陈克希深有感慨。那年去"北大荒"，临行前，在出版社"靠边站"的父亲十八相送，一路上殷殷叮嘱，分手时将家中劫后余生的《千家诗》《古文观止》《康熙字典》等几本书塞进了他的行李中，克希从老父默默的眼神中读懂了这人生第一本书。于是，在牛棚狭小的耳房里，在闪烁不定的马灯下，伴随老牛的"哞哞"低语声，陈克希借助《康熙字典》，啃下了这批古籍书。这或许可以看作是他最早喜读古旧书的启蒙，也在他的心里萌发了读书明理的种子。

"文革"结束，克希回沪成家，一家三口蜗居在一间仅有十平方米的陋室。居住条件如此艰辛，他仍不失读书人的秉性，绞尽脑汁在家中五斗橱上加码，搁上一只小书架，成就了有生以来的第一只书橱，从此他开始更勤奋地购书、读书、写作。一本叶昌炽编著的《藏书纪事诗》，都快被他翻烂了。

那年动迁搬家，为了让书也有个安栖之地，陈克希又一次显露了读书人的"傻气"，宁可舍去好的楼层，每天登上爬下去六层顶楼，为的是多得几平方的面积。

　　汗水换来秋收果。乐于笔耕的陈克希，近年来在较宽敞的环境里孜孜于古旧书刊的研究，尤其是对民国时期的"老期刊""旧平装"下苦功更深。考证、心得、书话等文章源源不断地流自笔端，每年发表多达百余篇，被朋友们称誉为古旧书刊的"股（古）评家"。

　　日积月累，陈克希的成绩已不可小觑，除了报刊频繁约稿，还写专栏文章，忙得不亦乐乎，一部名为《民国珍稀书刊经眼录》的新作，也将付梓出版。近悉，陈克希被评为《旧书信息报》优秀通讯员，这是顺理成章的事。这应了一句"种豆得豆，种瓜得瓜"的谚语。

王稼句：姑苏的文化名片

　　我与稼句同姓同庚，属"五八型"国家困难时期的产物。在我内心，总视他为兄长。因为，在弄书的一拨书友中，他出道早，出书亦多，令我望尘莫及，叹息一声：吾不如矣！不知哪一年，反正他很早就与书好上了，阅读超量。从上世纪八十年代始，就在苏州、上海等地的报刊上，开设书话专栏，并开始一本本出版书话集。什么《笔浆集》《枕手集》等，不用说，我连书皮都没得一见。听说他那些书话专著，成了时下的稀有资源，孔网上偶有露面，都挂在高位上，"秒杀"稍慢的，只得空手而归。这叫奇货可居，珍本难得。而那时，我尚未识荆，连"书话"两字都未曾耳闻过。只是云里雾里，胡诌几句不着边际不甚朦胧的长短句，自以为诗。

　　稼句是苏州人，他热爱苏州，热爱这片养他育他的故土。但他不拿这种情愫空洞地挂在口头上。他的足迹踏遍了苏州的每一条小巷，每一个村落。这是物理意义上的熟悉。他更是上溯远古期，下穷近现代，从时间的长河中，来认知这座城市的形成和繁衍。他不但写作出版了地方风味浓郁的专著《苏州山水》《吴门四家》《姑苏食话》等，还点校、纂辑了不少地方史资料，如《苏州文献丛钞初编》《吴中文存》等。他正是以自己勤勉的劳作，来阐释他对苏州的热爱，他对城市的理解。这是他为家乡地方文化做出的莫大贡献，且是默默无闻润物无声。城市的文脉延续，薪火相传，他可是头号功臣，是苏州的一张文化名片哩！我是生于老城厢的上海土族，也热爱地方文献，看到有关老上海的史料，总想占为己有，在书架上放一本。什么名人的故居啊，哪条弄堂的轶事啊，猎奇一样点缀在文章中，想想只是雕虫小技，弄不出大动静的。

　　不如稼句的，当然还有酒量。我不胜酒力，但每见稼句，酒是少不了的。我只能陪着喝一点儿，看他爽快地朝自己大酒杯斟满高度白酒，倒像个东北大汉的豪举。我心里真为他捏一把汗，每次都劝他少喝点。他看我大惊小怪的样子，笑着用苏州话回说：呒不事体格。又自顾喝着说着。几杯喝尽，他脸微红，话就多了起来，一副可爱的样子。喝到这个份上，可说酒是好东西。只见稼句妙语连珠精彩纷呈。可每次他都会喝过量，半醒半醉摇摇晃晃被人扶着回家。有一年，他真的喝坏了肝脏。惹得嫂夫人对他紧急下达"禁酒令"。他是那句宁伤身体不伤感情的践行者。想到这些，我笔下滞缓，心头发酸。稼句是性情中人，有着一颗赤子之心啊。他就是这样善待朋友的。有一年，我俩在太原开会，当地书友薛保平兄闻之，欣欣然跑到我们下榻的宾馆相见。保平不识稼句，却捧着一大摞稼句早年出版的书话集子来，索求签名。我乐意牵这个线。稼句二话不说，特地从会场抽身出来，一本本耐心地题签。这就看出稼句的为人。受惠于他的书友，何止成百上千。

苏州自古多才子。古代有唐伯虎，现代有周瘦鹃，都大名鼎鼎如雷贯耳。人称苏州才子的稼句，一手毛笔字亦让我赞叹不已。这是真正的文人字。不是文人都能写字，不是文人写的字都可称文人字。从稼句的字中，可看出他是懂书法的，懂笔墨线条的，给人一种文气，一种书卷意蕴。这才叫文人字。我求他墨宝，他慨然允诺。他是我为数极少的看重其字的同龄书友。

除了这些共同爱好，我们还有不少共识。比如，他一再强调，不敢称作藏书家。我多次参观过他的书房，是所见藏书量最为丰富的一家。楼上楼下，五六间书房整整齐齐分门别类，排列着各种书，从文史哲到天文地理，到琴棋书画等，像个小型图书馆。拥有三万多册书，不让别人称他藏书家，还振振有词地说，聚书不为藏，只是使用方便罢了。有一年，苏州评十大藏书家，他是主办方钦定的种子选手，可他避之唯恐不及，硬是把这头衔转给他人。他不迷恋网络，上网只是查查资料，阅读上他更喜欢纸质书。他说书本捧在手上心里踏实，可安静地看，可反复地看，这是最享受的阅读。

从地域上看，苏州与上海最为相近。我就把稼句看作是生活在同一城市中的邻居，有着一种亲近感。这种感觉，不会产生在别人身上，我也不知何故，有点莫明其妙。从同姓同庚，到相近相邻，我还没有习惯以此跟谁套近乎。想到稼句，就本能地扯上了。这或许是一种宿命，是一种缘哪！

徐雁：播撒书香的鸿雁

　　他像一只大雁，徐徐舞动着翅膀，在大江南北飞来飞去。为了播撒书香，为了全民阅读，他去到学校、社区、乡村，还有图书馆和机关单位，去讲那些关于书的故事，关于"大阅读"的经验分享，以及"耕读传家，诗书继世"的传统民间智慧。他，就是南京大学教授徐雁先生。

　　有一年，徐雁突然就来到了上海。书友们闻讯后奔走相告，在知名文化街福州路上的上海书店的顶楼，济济一堂，聆听了徐教授有关读书与人生的精彩演讲。来上海，就没有不去淘书的理由。他说，还有些空余时间，那去旧书店转转吧。我乐意陪他在福州路及周边的一些旧书店走走。到底是行家里手，不多一会儿，他就目光敏锐地从杂书堆里，沙里淘金般地检出若干称意之书。我看看午饭时间到了，就说先去解决"物质食粮"问题吧？他说这不急，又埋头书堆东寻西找。直到书多分量足够重，他才罢了手。我乘机说"走吧，吃饭去"。谁知他在路边一个扬招手势，就一头钻进了的士，从窗口丢出一句话来："饭不吃啦，大家都早点回家喽！"话音未落，出租车就朝虹桥高铁站去了。我寻思，那一撂子"精神食粮"，真能果腹管饱？

一九八四年夏，徐雁从读了四年本科的北京大学图书馆学系毕业，就与书结下了深缘。他把中国书籍文化的研究，作为了自己的追求目标。一篇篇关于古书今籍的文章从笔端流出，一本本有关书话、书评、书文化的著作相继问世，从《秋禾书话》到《秋禾话书》，从《沧桑书城》到《苍茫书城》，还有《中国旧书业百年》《阅读的人文与人文的阅读》等，至今已经多达二十余部。他还策划选题并参与主编了《中国读书大辞典》及"华夏书香丛书""书林清话文库""校园书香阅读文库""全民阅读书香文丛"等，让多少爱书人和读书人受用不浅。

他的另一部代表性的学术专著，是二〇〇五年由科学出版社编辑出版的《中国旧书业百年》。他积多年之功，不仅阅读了大量有关旧书业的文献资料和回忆文章，而且还走访了许多大大小小的旧书店、旧书集市，将我国近现代的旧书行业发展脉络，梳理成了蔚为大观的百余万字，成为我国第一部系统挖掘、全民探讨中国古旧书行业发展史及其经营状况的专著。

《中国旧书业百年》叙述了自太平农民军毁书以来百余年的旧书业风貌，披露了内困外扰下中国旧书业遭遇的惨痛"书厄"，回顾了叶景葵、郑振铎、阿英等书界先贤抢救和保护古书旧籍的文化担当，记录并反思了历次时政运动，尤其是"文化大革命"初起时，所谓"破四旧"行动对旧书业和民间书籍资源的损毁事实，最后发出了"救救旧书业"的强烈呼吁和有关建议。

在该书写作过程中，缠绵病榻的母亲忍着身体和精神上的痛楚，支持儿子离家北上去搜集相关文献资料。但她未及见到此书出版，便不幸与世长辞了。对于徐雁来说，他唯一可以告慰慈母养育之恩的，就是高品质地写好这部专著。他在本书后记中回顾道："北上南下，仆仆于途，甚至废寝忘食，夜以继日，忘情地追索着耳闻或目睹的文献史料，以前所未有的毅力和恒心，推进着中国旧书业史的研究工作，唯其如此，才能在心灵深处稍解我中年失母的哀痛……"，这是一个爱书人和学者的肺腑之言，沉重而坚韧。

除了作家和教授，徐雁还有着不少社会头衔，如江苏省政协常委等，但我记得最清晰的，还是这个中国阅读学研究会会长的身份。他既能安坐书斋冷板凳，耐得种种寂寞，围绕着中国书文化著书立说；又能走出学府，到社会民间去，到读者中去，通过交流、讲座、座谈会、论坛等形式，去播撒书香，推动读书活动。也就是说，徐教授真正做到了理论与实践的知行结合。

当曾经的"全民经商热"导致社会读书风气日趋淡

薄，当网络数字化时代"国民阅读率"进行性降低，当"全民阅读"逐渐被当作一项国家文化战略……徐雁更觉得肩上有副沉甸甸的担子。他以读书讲演，来大力倡导读书之风。还身体力行，表率群伦，既与全国各地有关学校、城镇等建立联系，培育"书香校园"，表彰"书香之乡"，而且还选取自己的部分藏书，有针对性地捐赠给了宁波天一阁、腾冲和顺图书馆、张掖图书馆，以及家乡所在的江苏太仓图书馆和故乡所在的靖江图书馆等。

为了更有共识和合力地推进读书活动，徐雁带着他以南京为主体的学术团队，先后精心策划并主编了《全民阅读推广手册》《全民阅读参考读本》等。这一部又一部引导人们"好读书，读好书"的读物，都是书海的导航仪和书林的指南针。从今秋开始，他又获准主持"当代校园阅读氛围危机干预研究"的国家社会科学基金研究项目，开始了阅读文化学研究的新征程。

诚然，"书香社会"建设，就是这样靠一个个人的热心倡导和积极投入，靠一本本书的写作、出版和阅读，具体而微，润物无声地营造出来的。一个大学教授，不仅仅能够专注于自己所感兴趣的中国书文化研究，更能够聚合众多力量，以促进全民阅读为已任，孜孜矻矻、奔走忙碌于惠及千万读者的阅读推广活动，这无疑是徐雁先生的精神魅力之所在，令人敬仰。

彭卫国：旧书业也可创出品牌

　　上海图书公司执上海旧书业之牛耳。作为行业的主营渠道，它对旧书市场起着管理、监督的职能。日前，在公司总经理彭卫国的办公室，我们就旧书业的若干问题作了探讨式的访谈。尽管，窗外寒风嗖嗖，屋内却交谈热烈，其乐融融。

　　彭卫国说，从全国来看，各省市大多设有古籍书店，为古旧书爱好者提供了便利。北京与上海，仍然是我国两大旧书集散中心。停了停，彭总话锋一转，便谈起了上海的旧书业现状。他说，就上海而言，有人说，旧书业惨淡经营，举步维艰。但从整体上讲，上海的旧书业正处在一个关键的转型期，这里有两个标志，一是古旧书的拍卖十分火爆。上图公司所属的上海博古斋每年要举办十余场，加上朵云轩、敬华等拍卖公司的古旧书拍卖专场，每场少则百多件，多则二三百件的成交数，这在较大程度上活跃了上海古旧书市场。二是旧书店走出了国字号一统天下的局面。形成了国有国营、国有民营、民营等多种经营方式，集体或个人承包的旧书店多了起来。我们除加强已有十余家旧书店的管理外，还积极引进、发展连锁店，凡落实了营业场所，符合经营旧书条件的，都允许加盟，由上图公司为其办理营业执照，提供政策倾斜等优惠条件。所以说，我对上海旧书业的发展前景还是较为乐观的。

我注意到，言谈中彭卫国对旧书业表露出自信的神情，非常钟情于他所从事的古旧书事业。37岁的他，在上海旧书行业中已滚了十多年。二十多岁时就撰写了《宋刻本李太白文集》《金版大藏经》《元刻本故唐律疏义》等古籍善本的研究专文，被古籍版本学专家誉为"后生可畏"。那年一完成华师大研究生院硕士论文答辩，他即一脚踏进了上海书店，在范泉老先生的麾下，投入到煌煌三十卷的《中国近代文学大系》的编纂工作，并担任其中两卷本的"文学理论集"责任编辑。彭卫国脚踏实地，从最基础的编辑做起，以后在门市部、发行部、管理部一路做下来，在旧书业"老法师"的言传身教下，浸润于古旧书的文化氛围中，他的专业素养和业务能力日益精进。他不但敏于观察，而且勤于思考，头脑中会不断闪出"灵感"，对发展上海旧书业产生新的思路和想法。

彭卫国继续说，在新的一年中，我们已拟定了初步计划，从各方面来加快旧书业的发展步伐。首先，要对位于福州路上的上海古籍书店大楼投巨资进行改建，使其成为与上海书城一样的标志性文化建筑。新建一个多功能厅，集古旧书、字画收藏品、文房四宝等交流、展览、拍卖于一体，体现出浓厚的文化气息。第二，成立古旧书刊经营管理中心，起到上海旧书业主力军的作用，积极发挥瑞金二路新文化服务社、四川北路福德广场四楼、多伦路文化名人街等上海旧书中心店的辐射作用，在新形势下，努力做出旧书店老字号的经营特色和信誉来。我想，只要抱定信念，咬定青山不放松，坚韧地一步步做下去，旧书业也是可以创出品牌的。第三，打算在新年伊始，由公司牵头主办一次我国古旧书业发展论坛，邀请上海及全国一些行家来坐而论道，分析业态现状，从深层次上作理论探讨，为振兴旧书业献计献策。第四，继续与文庙管理处携手，做好配合协作工作；并利用我们旧书经营管理及品种、数量上的专业优势，在文庙书市设立示范性的营业窗口，向广大读者提供规范、优质的服务。听了这番话，我暗忖，这就是在用大手笔，多层次地绘就上海旧书市场的美好前景。

最后，彭卫国不无感慨地说，旧书业毕竟是一种量小价低的小本经营，除了政府及政策上的扶植，更离不开广大喜爱旧书的热心人的支持。如福德广场的总经理孙伟时先生，他本身就是旧书收藏爱好者，所以他愿意让出场地，让旧书店开在商厦内，不用说场租费，一天用去的空调电费就大大超过了旧书营业额，但他乐此不疲，从不计较，其古道热肠令读书人十分钦佩。

　　彭卫国微笑着述说着这一些。可以看出，他内心盼望有更多热爱旧书，关心旧书事业的人来参与旧书业的繁荣与发展。因为旧书业是一项具有较高文化含金量的特殊行业，需要得到更多人的呵护，正所谓"众人拾柴火焰高"啊。若是这样，振兴旧书业，创立旧书业的优质品牌，将会指日可待，这不啻给广大读书人、旧书爱好者带来值得欣喜的福音。

董宁文:《开卷》与"闲话"

　　随着二〇〇〇年新世纪第一缕曙光降临的，还有一本叫《开卷》的读书刊物。十五年倏然而过，这本不起眼的民间小刊，已茁壮成长为楚楚动人的美少女了。

　　我与《开卷》的关联，可用十六字概括：茫然不知，偶有所闻，愈走愈近，渐入佳境。也许是隔行如隔山之故，在新世纪之前的八九十年代，我埋头新诗，满脑子是奥顿、帕斯、金斯伯格等现代派。偶尔间，得知有一种《开卷》刊物，却不见书店、报亭有售，难见芳容，在我大脑记忆沟里便留不下什么印痕。后来，知道那是一本名家大腕云集的民间读书月刊，才稍加关注。但好几年中，对《开卷》的感觉是"敬畏"，不敢轻易投稿。也许我生性木讷，不擅交际，或是地域因素，总有点"隔岸观火"之感。

　　一次，写了篇小稿《书人福眠》，写的是自学成才考入上海《文学报》的李福眠兄。因他曾是我的书画好友董佩君先生在上海重型机器厂的同事，遂得以相识。我那时除了写诗，还写一些人物特写，此亦成了我写作上的一个常项。稿成后，忽然想到了《开卷》。对啦，是福眠兄第一个跟我推介过此刊，他情不自禁、信誓旦旦地说《开卷》如何如何好。那行，《书人福眠》就投《开卷》吧，让《开卷》读者更多了解这位不显山露水，自号"疏林樵子"的读书界隐士。这就是我在《开卷》上刊出的第一篇小文。有了这次"破冰之旅"，以后一旦写出自己稍感满意点的文章，首先想到给《开卷》试试。文人不论大小，多有"敝帚自珍"的积习。除外，我还有点自知之明，给《开卷》投稿绝不敢轻举妄动。从历年刊出的十余篇文章看，自己稍觉安慰的是，小文应该不会辱没《开卷》的好名声。

　　二○一三年，承《开卷》执行主编董宁文兄的错爱，邀我加入《开卷书坊》作者行列，在第二辑十种书目中，拙著《旧书的底蕴》添列其间，由上海辞书出版社出版。

　　记得，在二○一二年上海作家协会、《文学报》等单位联合举办的征文活动中，评委经隐名评选，我的诗歌《城市中心的外在结构》荣获一等奖。授奖仪式上，还要请获奖者上台讲几句"获奖感言"，我大意谈道：时下，文学已属边缘，诗歌更为边缘，而诗歌史料的发掘与研究，更是边缘之边缘。我就把自己置于这样一种边界，埋首故纸堆，甘坐冷板凳。我希望我的这些书话文章，什么时候也能得个大奖。这像在做梦一样。

想不到，时隔一年多，竟梦想成真，奖项不期而至。在上海作协举办的二○一三年首届年度优秀作品评选中，《旧书的底蕴》经层层评选，榜上有名。这个奖，与其说是给我个人的，不如说是《开卷》给作者提供的一个机遇。得奖后，书友索书，我遂请出版社补购若干，回说此书已售罄。书未购得，我不以为忧，反觉欣然。哪个作者不希望自己的书拥有更多读者呢！

其实，得益于《开卷》的作者数不胜数，我只是沧海之一粟。而更为重要的是，《开卷》为爱书者，为文史爱好者，提供了更为宽广的悦读空间。

在《开卷》创刊十五周年之际，我胡诌一联，以示志喜："开卷闻书香，闭帙若有思。"

《开卷》有个"闲话"，我在不经意间，已翻阅了十五年。记得，起初它叫"开有益斋闲话"，后来改为"开卷闲话"，更为简洁精练，刊出位置也固定放在每期刊物的最后，犹如一出舞台大剧的压轴戏。

我去拜访沪上文化老人时，看到《开卷》常常是他们的案头读物，还津津乐道地说，每期《开卷》一到，先从后面的"开卷闲话"读起。古人说，秀才不出门，全知天下事。这些足不出户，从农耕年代走过来的文化老人，更多的是从纸质读物上来了解大千世界，获悉各自感兴趣的信息。书与人，当然是他们的首选。这是他们的阅读经验。我想，一定有其内在的心理需求与阅读取向。后来，我也分享他们的阅读快乐，从刊物的最后倒翻，开始读《开卷》。

这样，一年年闲话读下来，会生发一些联想，并有所感悟，触类旁通。表面上看，闲话是《开卷》的副产品。子聪在编辑每期《开卷》的过程中，以日记的形式，记下了与《开卷》相关、与读书相关的点点滴滴闲话。但往深处探究，却是闲话不闲。它密集的信息流量，它书往人来的细琐繁绵，都渗透出书籍在繁华喧器的商业社会中所带来的脉脉温情，给大都市行色匆匆、心态浮躁的人们带来心灵慰藉。

时代列车呼啸前行，令人感到欢欣鼓舞，但亦使人忧心忡忡。网络时代，推动了社会进步，便捷了工作生活。但却会在一瞬间，使我们曾经看得到摸得着的现实体验，突然被覆盖被剪切和删除，消失得不留任何痕迹，无影无踪。

但是，闲话不涓细流，把书人稍纵即逝的日常生活，真实地一点点记录下来，细心地梳理成日记，一月一次集中刊出，二三年汇编一卷，日长时久，蔚蔚壮观。既留下了一份关于《开卷》的办刊史料，也散发出书香社会的人文情怀。

闲话，让我们过于匆忙的脚步减缓下来，不要错过了本来就为人类所创造、所享受的诗情画意。闲话，让我们的阅读生活更为悠闲，慢慢品味文化的内蕴与情趣。

　　闲话坚守十五载。但我不认为，闲话是子聪一个人的闲话。它是连接并串起读书人的精神纽带，形成了一个同气相求、互相支撑的读书群体，更展示出一个很强很有磁力的气场。

点点滴滴说巴金

　　今年，主要精力放在淘书札记的写作上，一些小文中谈旧书谈故人，由书与人涉及早期巴金的相关内容，真可谓东一点西一滴的文人书事之掌故，今将这点点滴滴，从这些文章中辑录出来，以链接的方式，呈现于下，算是一种文坛话旧吧。

　　先要说的是《和列宁相处的日子》，高尔基著，成时译，平明出版社出版。这是高尔基写的一种回忆录，他与列宁的友谊，堪称作家与领袖人物交往史上的世界经典。此书封面设计对称性强，颇有特色。译者成时即徐成时（1922—2010），浙江嘉善人，新中国成立初从上海去北京，就读北京新闻学校，后任国际新闻局新闻处编译，新闻学院教授等，他的英语极好，是巴金的挚友，早期得到巴金的帮助，晚年他帮助巴金校阅克鲁泡特金的《我底自传》，巴金称他是"一位酷爱翻译的朋友"。他不但直接翻译英语作家作品，还把英文版的俄罗斯作家作品翻成中文，《和列宁相处的日子》一书，即是从英文转译来的。对此书，我还想强调的是，版权页上的印数标示，清清楚楚一目了然。"一九四九年十二月初版0001—3000册，一九五一年三月再版3001—5000册，一九五三年六月重排第一版，一九五三年十一月重排第二版（4001）8000册）"。说明此书三年间共印四次，累计印数为13000册。这样，过去了六十多年，我可以大致估算出，此书在当下的稀有程度及能找到的几率。而现在绝大多数的书籍在版权页上是不标示版次与印数的，那么，过了五十年一百年，后人就无法知道此书的存量。书的珍贵程度与发行量是反向的，书的印量越多，书的存世价值就越小。为什么陈望道译的第一版第一印《共产党宣言》那么珍贵，成了文物级旧书，盖因目前存世量仅有十一册。

——摘自《印数事小关联大》

由钱群匋设计书封的《灭亡》，黑白图案上印红色"灭亡"两字，十分醒目。巴金曾说"《灭亡》是我的第一次问世的作品"。此书初版于民国十八年十月，到我手上这一版，已是"民国三十七年一月廿二版"。也就是说，在十九年间，由开明书店印了二十二次。联系现实，有哪部长篇小说如果长销不衰，印了二十二次，一定会让作者与出版社大大的"双赢"哪！

——摘自《羊年出门第一淘》

还有《蒲宁与巴布林》，屠格涅夫著，巴金译，平明出版社初版于一九四九年十二月，一九三五年三月再版，两次共印六千册。巴金在《后记》中第一句就写道："这本小书是为着报答一位朋友的'友情'翻译的，只花了三个星期的功夫"，落款时间是"一九四九年十一月三十日"，这说明这是巴老在新中国成立初的第一本译著。在外国作家中，巴金似乎对屠格涅夫情有独钟，先后有《父与子》《散文诗》等多种译著。

——摘自《非卖品更显珍贵》

还要谈的是《碎裂集》《同志集》《旅伴集》，为"高尔基短篇小说集"的单册，汝龙翻译，平明出版社以"新译文丛刊"出版于一九五三年，用的是开明书店一九五〇年的版本。过了六十多年，书是旧书，然品相可谓十品。说明此书得购藏者的极好爱护，我见书的封面上，都有"心恒五六年元月十一日"的钢笔字样，这是读书人购书的时间。汝龙（1916—1991）新中国成立后任东吴大学中文系副教授，后任上海平明出版社编辑部主任。在巴金的鼓励下，他花巨大精力翻译《契诃夫小说选集》，共出版二十七卷。经巴金介绍，一九五五年加入中国作家协会。我基本淘齐了这套选集。汝龙译"高尔基短篇小说集"我却是第一次见。除此三种，尚有《秋夜集》《绿猫集》，看我以后有否运气淘到。关于汝龙，记得湖南彭燕郊生前曾在信中向我打听过，我未及回复，他已仙逝。真令人唏嘘。

——摘自《旧书摊前遇老外》

《流亡曲》原著雷马克，朱雯译，为文化生活出版社巴金主编的"译文丛书"之一，译者在巴金先生的支持下，从抗战胜利后开始翻译雷马克全集，继《凯旋门》之后，巴金希望他把雷马克所有作品都翻译过来，汇总成《雷马克全集》。民国三十七年十二月出版了《流亡曲》。到上世纪八十年代，有数家出版社表示要重印，而朱雯不满意原译，又重译了这两部书，以及新译了四种雷马克小说，共出版了六种。由于没有找到最后一种原版书，朱雯深感遗憾。因为翻译雷马克全集，是他翻译生涯中最重要的计划。但是，朱雯一直记着巴金对他的厚爱，曾在《凯旋门》的《译后记》中写道："在出版方面，我应刻特别感谢李先生，假如没有他对原著的卓越的鉴赏，以及对译者的友善的鼓励，我还不敢相信在物价腾贵的今日，能使这样一个拙劣的译本得到出版的机会"。

——摘自《良知担当皆楷模》

最后要谈的是一册民国版书，屠格涅夫的小说《春潮》，马宗融翻译，文化生活社于民国三十四年四月渝一版，三十五年沪第一版。也就是说，我所淘得的是一九四六年抗战胜利后，出版社迁回上海出版的本子。屠格涅夫（1818—1883）生于俄国一个贵族家庭，被列宁称为"著名的俄罗斯作家"，也是中国读者最受欢迎的外国作家之一。此书写于一八一七年，从情节上看，似乎只是一个感人的爱情故事。作者在游历法国法兰克福时，在一家糖果店想坐下喝杯柠檬汁，适遇店主的女儿求助，请他帮助抢救她那突然昏厥的弟弟。女郎美丽的面容，使他产生爱慕之心。只是由于匆匆离去，爱情的种子未及萌芽便夭折了。这成了三十年后，作家屠格涅夫创作《春潮》的蓝本。小说的开头与这段经历别无二致。小说中外表与内心都美丽的少女杰玛，萨宁这个青年贵族的"多余人"虚弱性格，甚至波洛索夫太太这个外表华美内心丑恶的坏女人形象，都刻画得极为成功。这部小说，打动了俄国人，也打动了我国翻译家马宗融。对于译者，我本不甚了了，查阅相关资料，不得不敬佩他的文笔与性格。马宗融（1890—1949）早年留学日本和法国，归国后先后任教复旦大学、广西大学、四川大学。一九四七年到台湾大学任教，却因对现实不满，过量饮酒而致重病。好友巴金获悉后，劝他养好病再回上海，他执意立即回来，说"死也要死在上海"。拖着病体，在友人的帮助下，于一九四九年回到上海，不料病情加重，不幸去世。他的妻子罗淑，也是作家、翻译家，先他而逝。巴金收留了他俩的一对儿女。巴金写过《怀念马宗融大哥》，文中说："他是对我最好的一位朋友，他相信我，要是听见别人讲我的坏话，他会跟别人打架"。可见巴金与他的友情之深。上世纪三十年代，马宗融刚从法国归来，就在索非的家里与巴金第一次见面，两人一见如故，成为挚友。他在教学中，在翻译左拉、翻译介绍法国文学中，包括妻子罗淑的创作与翻译工作，都得到巴金极大的提携和帮助。可惜他去世过早，以至现在不大有人提及。

——摘自《〈春潮〉初识马宗融》

先说素面朝天的《罗亭》，屠格涅夫著，陆蠡译，文化生活出版社（以下简称文生社）初版于一九三六年十二月，此书为一九五〇年九月十一版，虽没有标印数，亦算是一本长销书了。书前有原《英译本序》，译者在书后有《后记》，他说《罗亭》是屠格涅夫有连续性的六部小说的第一部，译文根据英译本译出，卷首附有斯特普尼亚克的长序，把它一并译出，以供读者参阅。最后他写道："翻译校订虽则花了不少时间，我自己还不能认为满意。我只能说这译文不能算是十分草率，我尊重作者，我也尊重读者。承丽尼、陆少懿、天虹诸兄百忙中为我细细从英日文本逐字校读一遍，指出不少错误，我在这里致深深的感谢。"

关于译者陆蠡，这里想多写几句。他是被日寇杀害的进步作家，今年值抗战胜利七十年，更令人怀念。他原名陆考源，字圣泉，生于一九〇八年五月，浙江天台县人，曾读杭州之江大学、上海立达学园、国立劳动大学等，后到泉州平民中学任教。在这里，他结识了吴朗西、丽尼和巴金。一九三四年他回到立达学园任教。一年后，入吴朗西创办、巴金任总编辑的文生社当编辑。他是一位出色的翻译家，第一部译著《葛莱齐拉》，在文生社出版，为巴金所赏识。于是，巴金与陆蠡、丽尼三人，在一次杭州游览时，"决定了三个人分译屠格涅夫六部长篇小说的计划，我们都践了诺言，陆蠡最先交出译稿"。这是巴金在一篇文章中谈及陆蠡的翻译。这最先交出的译稿，就是《罗亭》。第二年即一九三七年，他又译出《烟》，当时他在北平，每天下午闭门译书，三个月后带着一大包译稿回到上海文生社。在这里，他既当编辑，又当校对，还兼做会计及印刷跑腿等杂事。上海沦陷后，文生社内迁，他坚持留下，成为留守该社的负责人。一九四二年四月的一天，日本宪兵突然查抄了文生社，恰巧陆蠡外出办事，回来见状万分着急，赶紧赶到租界中央捕房去交涉，要取回被抄的全部书籍。交涉未果，却身陷囹圄，被关进日寇拘留所。在狱中，他正义凛然，表现出一个中国文人的骨气。日本人问他：大东亚政策成功不成功？他冷冷地回答："无望。"他的硬气，激怒了日本人，把他秘密转移，对外封锁消息。到七月二十一日，朋友们已得不到他的任何信息，文生社便将这一天作为陆蠡逝世的纪念日。他被日寇秘密杀害时，年仅三十四岁。他的去世，朋友们深感痛惜。巴金后来写下《怀念圣泉》一文，文中深情回忆了与他的交往与友情。陆蠡还是一位出色的散文家，他的散文集《海星》《竹刀》，以及《囚绿记》，均列入巴金主编的"文学丛刊"先后出版。可见巴金对他的器重。

——摘自《何必纠缠民国版》

谈起作品，张嵩祖不能忘怀的是《作家巴金》木刻肖像的创作。二十世纪五十年代初，他在朝鲜战场上第一次见到心中尊敬的巴金。他们文工团在坑道里为志愿军演出。有人告诉他，彭德怀总司令左边戴着眼镜的斯文青年，就是作家巴金。是的，那时五十多岁的巴金，显得多么年轻，多么风华正茂啊！"文革"结束后，直到二十世纪八九十年代，巴金在电视中的形象，已完全是一个白发苍苍老人。张嵩祖每每见之，感慨万端。他想，岁月催人老，磨难更使人过早衰弱。人生有限，而带给人们的思索是无限的。画面上，白发的巴金已垂垂老矣，他在画面左角，似乎生命即将走到尽头。而右边大块黑色的空间，是代表许许多多黑发的年轻人，他们在巴金的身后，他们会像巴金那样，说真话，更真实地活着。

——摘自《寄情刻刀留新痕》

藏以致用的阿英

节衣缩食事收藏，志在拯危与救亡。

万帙缥缃雅兼俗，杏花开处满春光。

——周退密

一册周退密、宋路霞合著的《上海近代藏书纪事诗》，是我案头必备之书。薄薄的小书，分量却不轻，书前计有郑逸梅、胡道静、潘景郑三位大家作序。书中从晚清藏书家丁日昌（1823—1882）写起，到现当代郑振铎、唐弢、黄裳，一直写至现在唯一健在的藏书家丁景唐（1920— ）。以年代为序，凡六十家，可谓蔚为大观。此书出版于一九九三年四月，至今已逾二十年矣。一日，听九四高龄的丁景唐谈及此书，说书中列他入内，缘起胡道静先生。当年胡老在《梦溪笔谈校证》扉页上为丁景唐题签时，称丁为现代藏书家。以后，他嘱宋路霞在写作时前去拜访丁先生。丁老接着对我说，此书还应补上藏书家阿英，这是不能漏缺的。这样，我不揣浅陋，写此短文，并商请百岁周老再运思谋篇，配以七绝一首。周老亦有同感，并欣然应允。这样，就了却了两老的心愿。

在我国现代藏书家中，阿英与郑振铎可称"绝世双璧"，无人能与之比肩。

阿英原名钱杏邨，安徽芜湖人，生于一九〇〇年，一九七七年因病逝世。他是现代作家、文学史家，也是藏书家、图书馆学家。他穷尽一生，不遗余力收藏图书，编纂多种书目，撰写出版专著，对我国文学史料的研究，作出了突出的贡献。

其实，阿英长期参加艰苦的革命工作，经济并不宽裕，每次购书他总是节衣缩食，说"价高的有时竟要占去我一个月或二个月的生活费"。由此，他与其他藏书家不同，只是有目的、有选择地进行访书搜书。而他的藏书之路，也比别人更为艰辛。他是一本一本到旧书摊上去觅宝，将少人问津的通俗小说、坊间唱本、小报小刊、石印画报等悉数收集，如评话小说《今古奇观》等，都是难得的珍本。久而久之，许多看似不起眼的书籍就这样得以妥善保存，也为后人保存了珍贵的第一手文学史料。

作为藏书家的阿英，不为藏书而搜书，主要是藏以致用。依据经年累月搜集而来的书刊，他编写了不少专题书目，起到了一个没有"图书馆学家"头衔的专家作用，如《中英鸦片战争书录》，他在每本书的条目下，都写有简明扼要的说明，在《夷氛纪闻》一书下，他写道："记载鸦片一役史籍，以此册最为确实可信"。有感于甲午中日战争时期的书刊不易得，亦鲜可考，他编成了《甲午中日战争书录》。其他还有《近代国难史籍录》《中法战争文学书录》《晚清戏曲小说书目》等。在书目的基础上，他编成多种大部头的史料汇编，如《近代国难史丛钞》《鸦片战争文学集》等，最著名的是编选了《中国新文学大系》（1917—1927）史料索引卷。

以书刊史料为基础，阿英撰写出版了《中国年画发展史略》《中国连环图画史话》《晚清小说史》《小说闲谈》《小说二谈》《小说三谈》等专著，这些研究成果，是他在掌握大量丰富的史料基础上取得的，并为后人所共享。

为访求图书，他在工作之余，奔走各地，我们从他的《城隍庙的书市》《西门买书记》《海上买书记》等文中，可以窥见他含辛茹苦的访书经历，这不能不令人敬佩。在现代作家中，阿英是最早提出并撰写新文学书话的作者之一，早在一九三七年十月，为纪念鲁迅先生逝世一周年，他在上海《救亡日报》上，发表了以《鲁迅书话》为题的读书小品，他写道："特再就所藏，作书话三章，以见先生生前艰苦劳迹。"他第一次就鲁迅与周作人合译的两册《域外小说集》，娓娓道来，如何淘得，如何与鲁迅书函往来，了解版本、题签等故实，写得简洁可读。

阿英还有可贵之处，那就是得到好书与人分享。他在旧书店淘得夏衍的译本《北美印象记》，知道夏老手头不藏此书，即慨然相赠。他发现了孔尚任的《燕九竹枝词》，除了撰文向读者披露这一信息外，还无私地把原版书借给别人作研究之用。当年鲁迅在编选《中国新文学大系》(1917—1927) 小说卷时，大量原版作品的搜集，不就是靠的阿英帮助吗?! 这不就是藏书家乐于助人的高尚美德吗?!

说起阿英，丁景唐回忆道，一九五三年在京三个月，参加中宣部举办的理论学习班，有较宽裕的时间访书搜书，常去琉璃厂、福隆寺等处淘书。一次与好友戈宝权谈起，想去看看藏书家阿英的藏书。这样，他俩就去了阿英家。第一次见面，阿英一身布衣，朴素文雅，给丁先生留下深刻印象。宽敞的四合院内，书橱顶天立地，书香满溢，真有镇住人的藏书家气派。阿英去世后，家乡芜湖市专设"阿英纪念馆"，他的藏书大都陈列于此，以供后人参观瞻仰。

周立波与上海亭子间

在旧书摊一眼瞥见《亭子间里》一书，顿时目光凝聚，有柳暗花明之感。此书找了多年，却"得来全不费工夫"。这是作家周立波所著，一九六三年四月由湖南人民出版社出版，初版印数两万册。我知道，周立波在民国年间曾有十年在上海工作、生活的经历，以《亭子间里》为书名，甚为恰当。

周立波原名周绍仪，一九〇八年生于湖南益阳清溪村。然而，周立波与上海有缘。由于在家乡参与学生运动，被人告密为"赤色分子"。为躲避迫害，他在同乡周扬的帮助下，一九二八年进入上海。初来乍到，人生地不熟，他与几位益阳籍同学只能栖身在虹口北四川路（今四川北路）横浜桥德恩里的亭子间里。他学会了每天生炉子做饭，过着十分艰辛的生活。然而，他坚持自学英语，到一九三〇年，已能从英译本翻译苏联小说《北极光》。第二年，他又与周扬一起，翻译了苏联古朱列夫斯基小说《大学生私生活》。此后，他以"立波"为笔名（即英语 Liberty 的音译，意为自由），本名渐渐不为人知。有一插曲，说的是"文革"中，周立波受到无情批判，到处游斗。他被剥夺了写作权利，作品一概封存。可用于批判的《周立波毒草集》，却被人们暗地偷阅，用作文学欣赏呢。一次，周立波刚受到批斗，转眼就有年轻人围上去，壮着胆请他签名。他揩一把脸上的汗水，很快签上一个英文词："Liberty"，问他是什么意思，他轻声说："我的名字，自由的意思"。

仅靠翻译得来的微薄稿费，实在无法维持生活。他经同学介绍，进了神州国光社当校对，仍继续从事革命活动，组织印刷工人开展罢工斗争。在一次张贴传单时，被工头抓住送进巡捕房，又从他的住处搜出一些进步书籍。依着这些"罪证"，他被反动当局判了两年牢刑，关押在提篮桥西牢。他将这段与难友们在狱中的斗争生活，以后在延安写成了《麻雀》等一组短篇小说，编入集子《铁门里》。

出狱后，他由周扬介绍，先后参加了中国左翼作家联盟和中国共产党。与王淑明、徐懋庸一起编辑《时事新报》副刊《每周文学》，后与关露一起担任过《生活知识半月刊》文艺专栏的主撰人，还参与《文学界》《光明》两刊物的编辑工作。在大量阅读外国文学作品中，他在报刊上向我国读者介绍苏俄作家高尔基、普希金、托尔斯泰等，以及法、美、德、日等国的作家。同时，他继续翻译外国文学作品。翻译几乎成了他在上海的一项重要文学活动。他先后翻译了美国马克·吐温的小说《驰名的跳蛙》，爱尔兰乔易斯的小说《寄宿舍》等。尤其是他翻译的苏联肖洛霍夫长篇小说《被开垦的处女地》，几经停顿，重译，又得周扬、杨骚、林淙等人的帮助，至一九三六年十一月，该书终由生活书店出版。之后他又翻译了捷克作家基希的报告文学《秘密的中国》，于一九三八年四月由汉口天马书店出版。可以说，作为文学家的周立波，是从上海起步的。而他首先是以文学翻译来确立其在文坛地位的。译介外国文学的实践，为他后来从事其他文学形式的创作打下了扎实基础。一直到一九三七年抗战兴起，上海沦陷，周立波与其他在沪作家一起撤离上海。整整十年，上海令他"备尝了艰辛和欢喜"。他常常怀念亭子间的生活。

新中国成立后，周立波将早年在《光明》《读书生活》等上海杂志上发表的十多篇论文，结集成册，题名为《亭子间里》。他在《后记》中说：这些论文"都是在一九三五年到一九三七年此期间里写于上海亭子间，因此取了这书名"。他还回忆道："上海的衖堂房子采取的是一律的格局，幢幢房子都一样，从前门进去，越过小天井，是一间厅堂，厅堂的两边或一边是厢房；从后门进去，就直接地到了灶披间，厅堂和厢房的楼上是前楼和后楼，或总称统楼；灶披间的楼上就是亭子间；如果有三层，三楼的格式一如二楼。亭子间开间很小，租金不高，是革命者、小职工和穷文人惯于居住的地方。我在上海十年间，除开两年多是在上海和苏州的监狱里以外，其余年月全部是在这种亭子间里度过的"。

时在一九六三年，光阴相隔三十余年，对那段日子，他仍记忆犹新，如数家珍，可见他对亭子间确是情有独钟。读来，也让人有身临其境之感。

从《亭子间里》一书中，可以看出，周立波作为小说家、翻译家之外，还具有相当厚实的文学理论根底。如《我们现在的文学》《中国文学的新发展》等篇，都是对那个年代文学现状的评判。更有《一九三五年中国文坛的回顾》《一九三六年小说创作的回顾》，对年度文学作了高屋建瓴的分析，可见他的阅读面之广，阅读量之多。

正因为他有着广博的生活阅历，精深的艺术修养，在一九四八年写出我国文坛第一部反映土改运动的长篇小说《暴风骤雨》，六十年代初创作出其姐妹篇《山乡巨变》。由于积劳成疾，加上遭受"文革"的身心摧残，周立波于一九七九年九月因病辞世。

当年赖以写作的亭子间，作为他曾居住过十年的虹口寓所，现已列为一百五十五处上海名人故居之一。当然，他的湖南家乡还挂有"周立波故居"的匾额，以供后人参观瞻仰。

从研究北洋史起步的来新夏

　　曾在旧书肆淘得文史前辈来新夏先生的旧著《北洋军阀史略》一书，幸蒙先生题签："此为半世纪前拙作，少不更事斗胆著书，于今已绝迹市场。韦泱先生寄书嘱题，如晤旧友，惜数十年蹉跎，了无进步，徒增惭愧"。这当是先生谦谦之言。

　　一九四六年，来新夏从辅仁毕业，却无奈地跌入"毕业即失业"的阴影。在亲友的帮助下，在一家公司谋得一个小职员工作，不久该公司倒闭。后经一位中学老师的介绍，去一所教会中学当了教书匠。一九四九年一月，天津解放了。来新夏有幸被保送到华北大学，进行南下工作前的政治培训。培训结束，他却被留在华北大学历史研究室，师从著名历史学家范文澜教授，做中国近代史研究生。这是他人生路上的重大转机。自此，来新夏确立了自己的研究方向。一个偶然的机遇，使来新夏将北洋军阀作为研究近代史的重点课题。天津解放初，范文澜主持的历史研究所接收了一批北洋军阀原始档案资料，有政府部门文件、电报、报告，有私人信

119

函，各种图片等，数量之多，实为罕见。范文澜安排来新夏等七个研究生对此进行整理和分类。每次从库房里拖出几麻袋，倒在地上，进行分拣。这些资料夹杂着土屑、垃圾，甚至老鼠屎，不但尘土飞扬，而且臭味刺鼻，年轻人每人戴着分发的口罩，和一套灰布旧制服，在杂乱无章、难以下手的情况下，硬是把混在纸质材料中的土碴抖搂出来，进行信归信、文件归文件的初步分理。一天下来，来新夏与同学们浑身都是尘土，除口罩遮住的地方是白的，其余全成了深灰色，口罩鼻孔处则被灰尘堆积成了两个小黑球。尽管如此，他们毫无怨言，干得不亦乐乎。白天劳累，晚上还交流信息，谈论白天看到什么有趣的资料等等。花了两个月，总算将百余麻袋档案资料全部清理完毕。

接着，范文澜让来新夏等读一些有关北洋军阀的书籍，然后对资料进行分门别类的整理，制作卡片，写上文件名，编号，内容摘要等。此时，来新夏便做了有心人，因为看得仔细，常常发现一些珍贵史料，就一一随手摘抄下来。晚上进行研读，有时对某一问题引发兴趣，第二天专门去追索原档，进一步阅读详细内容。这个工作，持续了半年时间，虽然较为艰苦，却把来新夏引入了一个全新的史学领域，北洋军阀时期的研究，成为来新夏毕生在近代史领域中的一个专门课题。

一九五一年春，应南开大学历史系主任吴廷璆教授的邀请，范文澜忍痛割爱，同意来新夏调往南大任教。中国近代史尤其是北洋军阀史，是来新夏在南大教学工作的重头戏。一九五二年，《历史教学》杂志连载了他的《北洋军阀统治时期》的讲课笔记，这是他研究北洋军阀史的最初成果，其时他还不满三十岁，正是进入学术研究的黄金时期。接着，他受命筹划《中国近代史资料丛刊·北洋军阀》的编撰工作。此工作虽因故中断，但他因而积累下不少北洋军阀的资料。一九五七年，应湖北人民出版社之邀，来新夏撰写出版了新中国第一部北洋军阀史专著《北洋军阀史略》，一时引起海内外史学界的关注。日本学者岩崎富久男即将这部十二万字的专著译成日文，增配图片，以《中国の军阀》为书名，先后由两个出版社出版，成为日本史学专家案头必备之书。之后，来新夏不断有新的发现，积累更加丰厚，甚至在"文革"中冒着危险偷偷地搜集资料。一九八三年，在原书基础上进行大量增订，出版了三十四万字的《北洋军阀史稿》。到了二十一世纪初的二〇〇一年，他又增补了许多史料，出版了上下两册，共一百零五万字的《北洋军阀史》，完成了一部书稿的"三级跳"。这是迄今为止国内最完备的一部北洋史专著，来新夏为此持续写作了半个世纪，堪称国内北洋史学研究第一人。

沈寂与张爱玲的交往

时下，健在的大陆作家中，见过张爱玲芳影的，已经寥寥无几。而与张爱玲早期有过多年交往者，则非上海老作家沈寂先生莫属。近来在给年逾九旬高龄的沈老先生撰写年表中，断断续续听他谈及张爱玲，前后有八年之久，像打捞历史的碎片，渐渐拼接出一段他与张爱玲不算太短的文缘轶事。今年适逢张爱玲（1920—1995）仙逝二十周年，谨此为现代文坛前辈呈上心香一炷。

康乐酒家，首次见面

康乐酒家，坐落在上海静安寺路上（今为南京西路北侧，原美术馆旧址），当年是一家颇为有名的高档餐馆。

一九四四年八月二十六日下午三时，由《杂志》社主办，在这里举办了一次评论张爱玲及其《传奇》的座谈会，《杂志》当年九月号以《〈传奇〉集评茶话会记》

为题，对座谈会作了较为详细的报道。沈寂作为"新进作家"，以谷正槐的名字，也在邀请之列。当时按姓氏笔画排列，他第一个出现在出席者名单中，接着是炎婴、南容、哲非、袁昌、陶亢德、张爱玲、尧洛川、实斋、钱公侠、谭正璧、苏青。《杂志》社出席的是鲁风、吴江枫两位，《新中国报》记者朱慕松作记录。

座谈会由吴江枫主持，他的开场白简洁扼要："此次邀请诸位，为的是本社最近出版的小说集《传奇》，销路特别好，初版在发行四天内已销光，现在预备再版，因此请各位来做一个集体的批评，同时介绍《传奇》作者张爱玲女士与诸位见面，希望各位对《传奇》一书发表意见，予以公正的与不客气的批评，在作者和出版者方面，都非常欢迎。"

作为座谈会主角的张爱玲，这天涂着口红，穿着橙黄色的绸底上装，品蓝色的衣裙，头发在鬓上绕了一圈，长长地披下来，遮住了小半个脸，戴着淡黄色的玳瑁眼镜，脸上始终露着微笑，可见这天她的心情之好。主持人话音一落，她便从座椅上欠了欠身，声音低低地说："欢迎批评，请不客气地赐教。"接着大家自由发言，几乎是一片赞扬声。年方二十的谷正槐，直言不讳地说："在中国封建势力很强，对付这势力有三种态度，一是不能反抗，二是反抗，三是不能反抗而将这势力再压制别人。若《金锁记》里'七巧'就有以上第三种人的变态心理，受了压迫再以这种压迫压子女。"

一圈人发言下来，主持者请张爱玲"说几句"。张爱玲有点故作谦虚地说："我今天纯粹是来听话的，并不想说话，刚才听了很多意见，很满意，也很感谢。"座谈会至此结束了。柳雨生本在邀请之列，因故未到，他特地把书面发言寄给了张爱玲，即转到编辑手上，及时得以在报道中一并刊出。可见作者们对这次座谈会的重视。

这是沈寂第一次见到张爱玲。虽然彼此没有直接交谈，但在一张桌子上，算是面对面了。

登门拜访，以释前嫌

其实，正式见面前，沈寂与张爱玲常常在纸上见面。一九四二年，时在复旦大学读二年级的沈寂，创作第一篇小说《子夜歌声》，在顾冷观主编的《小说月报》刊出后，一发而不可收。第二年在周瘦鹃主编的《紫罗兰》第七期上，刊发小说《黄金铺地的地方》。而这一年，张爱玲从《紫罗兰》第二期至第六期，连载小说《沉香屑》。主编周瘦鹃"深喜之，觉得风格很像英国名作家毛姆的作品"。可以说，《紫罗兰》是张爱玲最早赢得文名的刊物。同年，沈寂在柯灵主编的《万象》第九、十一、十二期上，连续发表了《盗马贼》《被玩弄者的报复》《大草泽的犷悍》三篇小说，得到柯灵的好评，在第九期《编后记》中，柯灵推荐道"这里想介绍的是《盗马贼》，细读之下，作者自有其清新的风致。沈寂先生是创作界的新人，这也是值得读者注意的"。而张爱玲的小说《连环套》，当年也在《万象》上连续。她的《心经》，还与沈寂的《盗马贼》同时刊登在九月号上。在柯灵的眼中，张爱玲与沈寂，是《万象》的重点作者，也是有发展前景的青年作家。

一九四三年底，在亲友们为沈寂与女友朱明哲举办完订婚宴的当晚，日本宪兵突然逮捕了沈寂。原因是沈寂的中学同学蒋礼晓侥幸出逃后，在其家的日记本上，查到沈寂的名字。四十余天的监狱生活艰苦难熬，包括上"老虎凳"。沈寂咬牙挺住，终因没有确凿证据，于一九四四年二月被释放。没过几天，有人打电话给沈寂，轻声说你进过宪兵队，不宜再给《万象》投稿，以免牵连刊物和柯灵，但可转而为《杂志》写稿。果然不久，《杂志》编辑吴江枫写信给沈寂，向他约稿。沈寂寄去小说《敲梆梆的人》，吴江枫说作品即可发排，但以后要改个笔名，不能再用过去的沈寂。两人推敲一番，最后定名为谷正櫆。之后《王大少》《沙汀上》《挖龙珠》《沦落人》《大草原》等小说相继刊出。当年八月，《杂志》举办过一次笔谈专辑："我们该写什么"，作者有疏影、谭惟翰、张爱玲、谷正櫆、朱慕松、钱公侠、谭正璧等十一人。按来稿先后排序，张爱玲、谷正櫆为3、4，正巧登在同一版面上。可以说，这是他们"零距离"在一起。尽管，只是见名不见人。从《紫罗兰》《万象》到《杂志》，两人纸上见面不算少哪！

但是，在康乐酒家所见的真人第一面，沈寂并没有给张爱玲留下好印象。沈寂发言里有"变态心理"四个字，这正是张爱玲极为反感的字眼。她联想到不久前看到的迅雨（傅雷）文章《论张爱玲的小说》(刊《万象》一九四四年第十一期），也批评她的《金锁记》：曹七巧"恋爱欲也就不致抑压得那么厉害，她的心理变态，即使有，也不致病入膏肓，扯上那么多的人替她殉葬"。张爱玲进而联想到，有变态心理的作者，笔下才会出现有变态心理的人物。这谷先生与迅雨先生，可是一鼻孔出气，串通好专门找她的茬。她越想越气闷，就把这一想法悄悄与吴江枫嘀咕了一通。吴江枫听后很是吃惊，觉得事情不妙。作为《杂志》编辑，又是那次座谈会的主持人，他不希望张爱玲的情绪受到影响，如此，对《杂志》以后的编辑工作也无好处。吴江枫很快把张爱玲的想法转告了沈寂。怎么办呢？两人商量时觉得，从刊物这边说，张爱玲惹不得，她不但是《杂志》台柱子，更是上海滩当红女作家。从沈寂这边来说，一句老话说的是"好男不跟女斗"，应该消除张爱玲的误解。从吴江枫这边来说，张与沈，都是他们重要的依靠对象，只能是"和为贵"。这样，在吴江枫的建议下，决定登门解释一下为好。

一日下午，约好时间，沈寂跟随吴江枫去了赫德路195号爱林登公寓（今常德路常德公寓），电梯直达六层楼。显然，吴江枫是熟门熟路，可见他是这里的常客。张爱玲乍见吴江枫带着谷先生进门，已心知肚明：何不给谷先生一个台阶下哪。张爱玲年长沈寂四岁，自然有大姐的姿态，举止落落大方，这使心里有点忐忑不安的沈寂，很快消除拘谨，言谈自如。三人东拉西扯，从座谈会谈到正在喝的咖啡味道，谈到市面上的行情。前后坐了约一个来小时。张爱玲由此晓得，谷先生常常以"沈寂"笔名发表作品，谷先生与迅雨的评论文章毫不搭界等等。作为女人，张爱玲敏感，小资，自视甚高。但她毕竟是才女，聪颖，得体，又善解人意，"到底是上海人"的张爱玲，的确"拎得清"。

在张府，沈寂见到了张爱玲的姑妈张茂渊。另外，还见到了潇洒倜傥的胡兰成，他穿着长衫，轻摇折扇。虽是一瞬间，没有说上话，但证实了外界传说的张爱玲与胡兰成的关系。走出张府，沈寂不解地询问吴江枫：看张爱玲的表情，似乎不太愉快。吴江枫一语道破天机："她不愉快是因为不愿意我们在她家看到她的秘密男友胡兰成"。

不久，还有一次没有成功的"义演"，也与张爱玲有关。吴江枫想以《杂志》名义，举行一场义演，将收入全部捐给失学学生。请电影导演费穆执导根据秦瘦鸥小说改编的话剧《秋海棠》。剧中角色全由《杂志》作者扮演，谭惟翰饰秋海棠，张爱玲饰罗香绮，谷正樾（沈寂）饰季兆雄，石琪（唐萱）饰一军阀。吴江枫说，请大家来义演，不是科班演戏，而是文人粉墨登场，这是义演真正的"卖点"。第一次召集会的地点，就在康乐酒家。大家悉数到场，张爱玲戴一副茶色眼镜，穿素色缀浅红花点的旗袍，一声不响地坐在后面。费穆给各位分配好角色，关照大家抓紧背台词后，就散会了。后来，又集中过一次，算是排演。导演石挥、白文也闻听赶来。可是，张爱玲不知何故，没有到场。这次义演，未知是否因张爱玲不太热衷，最终不了了之。

一九四四年十二月，张爱玲将中篇小说《倾城之恋》改编成话剧，由朱端钧导演并首演于新光大戏院，沈寂好友舒适演范柳原，罗兰演白流苏。沈寂获知演出信息，特地买了花篮，题上祝演出成功的贺词，当天购票观戏并献上花篮。第二天，吴江枫专门来电，转达张爱玲对沈寂的谢意。

抗战胜利，仍有合作

到了一九四五年八月，抗战胜利。沈寂除继续创作外，还先后做过《光化日报》特约记者，到《辛报》编过"社会新闻"版，还主编《民众周刊》。后应环球出版社冯葆善先生之邀，应聘主编《幸福》月刊。又于一九四八年五月，接编《春秋》月刊。一九四八年，沈寂主编《幸福》，在任上海沦陷时期《杂志》（地下党袁殊负责）主编的吴江枫，寄来英国著名作家毛姆的短篇小说译稿《牌九司务》，署名"霜庐"，沈寂编入十月出版的《幸福》第二十二期。

抗战胜利后，社会舆论对张爱玲多有责难，皆因她与汉奸胡兰成的婚恋关系。一九四五年十一月，曙光书店出版发行一本小册子，书名叫《文化汉奸》。书中列出柳雨生、张资平、胡兰成、苏青等十七个文化汉奸，一一给予鞭挞揭露，张爱玲也在其中，被谴为"红帮裁缝"。文中说张爱玲"爱虚荣，要出风头去，被一群汉奸文人拉下水，又跟胡兰成那种无耻之徒鬼混，将一生葬送了"！无奈之下，在大光明大戏院担任外国原版影片"译意风"（类似同声翻译）的姑妈，决意为张爱玲换个环境。这样，她们搬出爱林登公寓。起先迁入静安寺路梅龙镇弄内重华新村，几年后又迁往派克路（今黄河路65号）卡尔登公寓（今长江公寓）。期间，张爱玲埋头写作，从小说《华丽缘》《相见欢》，到电影《不了情》《太太万岁》。但报刊上以张爱玲署名的作品已大为减少，还时遭退稿。这大大打击了她的自尊。同时，这也意味着靠稿费生活的她，渐渐陷入困境。这些，沈寂颇能理解。本来，他是不敢轻易约张爱玲、苏青这些人稿子的。时至一九四八年底，沈寂正在革新《春秋》杂志，想办得更纯文学一些，在一时稿源匮乏之下，他想到了张爱玲，不宜用真名发表创作作品，就请她以翻译一些外国作品。张爱玲从圣玛丽亚女校（今市三中学）毕业，就读过香港大学，有扎实的英文根底，又爱好外国文学，早年曾给英国《泰晤士报》和英文杂志《二十世纪》写文章，翻译对她来说轻车熟路。沈寂写信约张爱玲寄稿，很快，张爱玲寄来了一篇题目为《红》的文稿，约四千余字，未署名。沈寂看后，觉得是对毛姆原著的改写，文字风格则是张式的。张爱玲说明道：因在创作剧本，没有全部完稿，很是抱歉云云。同时，把美国"企鹅版"毛姆小说原著附来。沈寂读的是复旦大学西洋文学系，对外国文学自然烂熟于胸。他很快根据原文，译完余下的三分之一文字，文末还写上"本篇完"，编入《春秋》一九四八年第六期"小说"栏目，在内页《红》的题目处，沈寂请人配了题头画，中间留了空白，用何笔名，一时难定。后将曾译过毛姆作品的吴江枫笔名"霜庐"代用在目录上。却因发稿时紧，疏漏了在正文标题中写上此名。这样，不看前面目录，不知作者为谁，只是此文与鲁彦的《家具出兑》，田青的《恶夜》等排在一起，给读者造成这是一篇原创小说的感觉。刊物印出，吴江枫看到并不介意，之后继续用他的"霜庐"笔名，再寄所译毛姆的短篇《蚂蚁和蚱蜢》，沈寂将此刊于《幸福》一九四九年第二期。张爱玲收到《春秋》样刊后，自然喜出望外，内心感激着谷先生。张爱玲改写毛姆作品未完，沈寂曾予续译救场。作者与编者的默契合作，这实在是张爱玲的一则文坛轶闻哪。

半个世纪，再续文缘

很快，迎来五月上海解放。沈寂因香港永华影业公司买下他的小说《盐场》《红森林》版权，并邀请他出任该公司编剧。在获得上海军管会同意后，年底，沈寂偕妻子赴港履新。可是，两年后的一九五二年一月，沈寂因公司欠职工三个月薪水，代表职工与厂方谈判未果。港方又因他参加进步团体"香港电影工作者学会"组织的爱国活动，诬以"不受港督欢迎的人"，宣布将他终身驱逐出港。一九五二年四月，沈寂回到上海，进入刚公私合营的上海电影联合制片厂。

而在上海的张爱玲，经主持上海文艺工作的夏衍同志提议，作为正式代表，出席了一九五〇年七月召开的上海第一届文代会。尽管已进入新社会了，但她的思想还停留在昔日的情怀中。她是一个对政治不感兴趣的人。她度日如年。

亦是巧事。一日，在黄河路上开办"人间书屋"的沈寂，去对面卡尔登公寓探望一个朋友，刚进大楼，与正从电梯里走出来的张爱玲撞个"满怀"。张爱玲脱口而出："谷先生吗？"她习惯称沈寂为谷先生，她已从报上知道沈寂因进步行为被驱逐出港。"是。张小姐多年不见，你好吗？"听这一问，张爱玲显得无精打采："还是老样子，除了动动笔头，呒啥好做的。"他们有一搭没一搭地闲聊着。沈寂看得出，张爱玲的情绪十分低落。是否见到从香港来的人，把她的思绪引到了香港，因为胡兰成还在那里啊。正要告别，张爱玲说："对了，最近正好出版了一本小说，送你看看。"说着，转身上楼去取书。

这本书叫《十八春》。这是张爱玲第一部长篇小说，相比以往的中篇小说，《十八春》写作的时间稍长些。她应《亦报》主编龚之方之约，答应写这部小说，以连载形式，来吸引报纸读者。小说署名"梁京"，从一九五〇年三月至第二年二月，全部连载完毕。《亦报》趁热打铁，请张爱玲对全书再修改润色一遍，同年十一月以"亦报社"名义，出版单行本。接着，《亦报》又连载她的另一部小说《小艾》。

一九五二年至今，六十三年过去了，沈寂一直保存着这本《十八春》。这是他与张爱玲在上海最后一面的见证。这次见面后过了大约三四个月，沈寂听说张爱玲去了香港，不觉得惊奇，认为是顺理成章之事，她不能适应现在的生活环境。又听说，张爱玲满怀热望到了香港，却见胡兰成与佘爱珍（汪伪时期特务头子吴四宝之妻）厮混在一起，作着远走高飞去日本的准备。张爱玲甚感绝望。此时经友人推荐，张爱玲在驻港美国新闻处谋得一职。并应《今日世界》之邀，写作长篇小说《秧歌》《赤地之恋》。这两部作品明显带有对大陆怨恨的反共倾向，与《十八春》《小艾》唱着另一调门。闻此，沈寂为同时代的文友深感惋惜。

时光转到二〇〇九年，台湾著名导演李安要执导张爱玲的《色·戒》，知道沈寂十分熟悉旧上海的一草一木，便聘请他担任影片史实顾问。又听说沈寂曾与张爱玲有过交往，高兴地说，邀您任顾问是请对了，增强了我拍摄《色·戒》的信心！比如，张爱玲小说中的麻将戏，李安很重视，沈寂说那时不用塑料或木质，用的是牛骨。再比如，姨太太穿着黑披风，如何走路？沈寂说要走一字步，有一定的扭摆。影片上映一炮打响。为喜爱张爱玲作品的"张迷"们，沈寂做了默默无闻的幕后英雄，更是他续了半个世纪前与张爱玲的文缘。

绍兴走出的鲁研家倪墨炎

　　在宽敞明亮的新居，听倪墨炎先生谈陈年旧书，倒亦蛮有兴致。倪先生一九五〇年从绍兴来到上海，时光漫过半个多世纪，仍乡音不改，一口温儒的绍兴话，说来别有趣味。

　　儿时在家乡，他闻听最多的是有关鲁迅的故事，还在读小学时，他已捧着鲁迅的书读得津津有味。当然，他没有想到，以后会成为一名研究鲁迅及现代文学的学者。我最早读的《鲁迅诗歌浅说》，便是倪先生所著。上世纪七十年代后期，有两年时间他被借调至北京，参加《鲁迅全集》的编辑注释工作，这为他研究鲁迅创造了极好条件。后陆续撰写出版了《鲁迅与书》《鲁迅后期思想研究》《鲁迅署名宣言与函电辑考》《鲁迅革命活动考述》等鲁研专著，在学界颇具影响。他与夫人陈九英合著的《鲁迅与许广平》一书，在报纸连载后，先后有九家出版社与他洽谈出版事宜，可见此书受欢迎的程度。由此及彼，倪先生花不小的功夫，研究鲁迅的兄弟周作人，著有传记《中国的叛徒与隐士——周作人》。

胡乔木阅后，给作者来信予以高度评价。此书在出版了十多年时间后，倪先生又搜集到有关周作人的大量史料，于是重起炉灶，写作出版了《苦雨斋主人——周作人》。为读者提供了更为详尽的研究周作人的新成果。

此外，倪先生致力于现代文学的研究考述，先后有七本专著问世，如《现代文坛短笺》《现代文坛偶拾》《现代文坛随录》《现代文坛散记》《现代文坛灾祸录》《现代文坛内外》《文人文事辨》等。这些关于现代文学书话类的著述，涉猎之广，考据之多，尤其发掘考证出不少新的史料，也澄清了长期以来的一些误传。

倪墨炎先生关于现代文学的书话文章，都是在拥有大量旧版本、旧期刊的前提下写就的。可见倪先生淘书的眼力与勤勉。为了研究鲁迅，他将民国期间出版的有关鲁迅生平及研究类书籍六十多种都搜集齐了，从一九二七年北新书局出版的《鲁迅在广州》，到一九四九年三联书店出版的《亡友鲁迅印记》，这甚为难得。在此基础上，他写出了《鲁迅与书》一书。由研究鲁迅扩展开去，他将考证的触角伸展到胡适、陈独秀、钱玄同、刘半农等与鲁迅关联密切的民国时期重要作家身上。

谈起淘旧书，倪先生兴致更浓。他说，从绍兴到上海后，因家境困难，只能考管吃管住的公费高中，同时开始涂鸦文章，所得稿费不舍得吃一根棒冰，也把车费省下来，为的是买一两本旧书。那时上海的旧书店多，旧书亦多，价钿还很便宜。一本旧平装才一、两毛，有的只几分钱便可得之。他先是到众多的个体旧书店淘书，公私合营后，到上海旧书店设在福州路、南京路、淮海路、四川路上的旧书店里去淘书，常常尽兴而归。与旧书店混熟了，还得到去旧书店书库觅旧书配旧刊的待遇。上世纪八十年代，文庙书市开张，倪先生有了新的淘书去处。一次淘到巴金主编的"文学丛刊"六十多册。又一次收得二十多册"良友文学丛书"。时隔才二十余年，现在听来，近乎天方夜谭，可却是那年头确确实实的事情。

说到现代文学书话写作，倪墨炎最早受的是姜德明先生的影响。那时姜先生在《人民日报》编副刊，辟书话栏目，常约倪先生写稿。以后，倪先生任《书城》《编辑学刊》主编，亦大力倡导书话类文章。有人说，"北姜南倪"，是现代文学书话写作最为勤勉的两位学者。二十世纪八十年代中期，倪先生一本《现代文坛灾祸录》，连版三次，印数达六万余册，如此专业性的学术专著，有这么大的印数，时下实难想象。在我书架上，有一套十六册的"现代书话丛书"。在鲁迅、郑振铎等名家行列里，亦有姜德明、倪墨炎的一席之地，可见他俩在现代书话界的分量。

为了善待这些经年累月淘来的藏书，倪先生不得不一次又一次搬家。这不，一百多平方米的新居，有一大半贡给书籍享用了。做了几十年考证学问，倪先生感慨地说，做资料考据工作，一定要字字有依据，事事有出处，若有存疑，宁缺不讹。同时，做学问，要有独立思考的精神，敢于表达独立见解，决不能人云亦云。我听来，深深折服于一个知识分子的良知与胆识。

正义事业的捍卫者张纯如

　　近日观看影片《张纯如——南京大屠杀》，再一次激起内心的波澜。几年来，关于张纯如的各种文字，不时地叩击着人们的心。并不因时间的漫延而淡漠。

　　张纯如事件引起的震荡，有着深层因素。近年来，日本少数右翼分子，不顾历史的真实面貌，竭力否定历史，美化战争，包括日本国前领导人参拜靖国神社。这是一个十分危险的信号，不能不令人反思：历史不会复原，但要警惕历史的悲剧重演。其次，作为一个华人，张纯如有着令人钦佩的傲然骨气，这其实是海外华人共同的心声。反观国内，对下一代的历史观教育，仍有诸多不容乐观之处。社会处在关键的变革期，物质生活的日益丰富，精神生活的多元化，使一部分青年心态浮躁，追求享乐，缺乏关注历史、思考历史的主观动力。这令人想起鲁迅当年曾对民众围观屠杀场面而漠然的景象，表示出"哀其不幸、怒其不争"的感叹，这同样也是十分危险的迹象。所以，张纯如事件之所以引起海内外有志之士的共鸣，有着深刻的内蕴，亦有着警世的作用。

　　作为对中国现代文学史料颇多兴趣与关注的我，深知查找、考据史料的艰辛。相比而言，张纯如对南京大屠杀史料的挖掘、求证，更显其艰苦与难度。亦更显其义无反顾的精神。她花了近三年时间，在世界各地访问了无数个幸存者，阅读了大量的历史文献，在各种触目惊心资料的基础上，撰写出版了英文版《南京暴行——被遗忘的大屠杀》一书（即中文版《被遗忘的大屠杀——1937年南京浩劫》）。在这之前，张纯如第一个发现了《拉贝日记》及《沃特林日记》，并使之公之于世。这两部珍贵的日记，真实地记录了侵华日军南京大屠杀的罪行，历史价值无以计算。在此之后，张纯如又写出了《在美国的华人》，以纪实的手笔，记载了华裔在美国社会发展中所作出的巨大贡献。然而，她正在写作的新著，反映美国二战被俘军人受日军虐待的历史，竟成了她的未竟事业。这些尽显人性丑陋、残忍血腥的历史，其内容与张纯如的病因不无关联。在写作中，她常"气得发抖、失眠噩梦、体重减轻、头发脱落"，有人说，对人类的绝望，是张纯如自杀的主要原因。其实，我想，她以自杀为武器，是对邪恶势力作最后的一搏。同时，她以自己赢弱的身躯，为后来人铺平通往和平、温馨而安宁的人类未来之路。这样的女性，自古以来，就是中华民族引以为自豪的脊梁。

这就使我们想到了人的气节。在重大事件面前，在大是大非面前，中国人中应该有更多的张纯如、张志新、遇罗克似的英雄。这是中国的希望所在。有道是：不在沉默中灭亡，就在沉默中新生。一个张纯如倒下了，更多的华人、更多的正义之士走向时代的前列，捍卫着真实的历史，捍卫着中华民族的尊严。

田遨与杨度传记

　　融融冬阳下，与九七高龄的田遨前辈闲聊，甚感惬意。不经意间，话题就转到了杨度这个历史人物上。我说至今仍还清晰记得，三十年前的一九八四年，阅读您的长篇人物传记小说《杨度外传》，从报上的连载，天天翘首以盼，到手捧着书本，一副不忍释卷的情状。这样的阅读往事，真是令人感怀啊！

初留"政客"印象

　　听我如此说来，田老浅浅一笑。他说，从学生时代起就喜欢文史，尤其是历代人物掌故，从不少传记史籍中了解他们的身世与功过。一次，在阅读有关袁世凯的资料中，知道了杨度其人，在头脑中对其留下了"政客"的最初印象。

　　在中国近代史上，杨度是一个大起大落、大开大阖的重要历史人物。他生于一八七四年，为寻求救国道路，曾两度东渡日本。一九三一年，杨度在上海病逝。

这样说来，二〇一四年该是杨度诞辰一百四十周年纪念日。他年轻时有才华有抱负，主张立宪救国。袁世凯窃取了辛亥革命的胜利果实后，做了大总统，还梦想做皇帝。杨度却秉承袁的旨意，发起"筹安会"，为袁登基鸣锣开道，改元"洪宪"，改民国为"中华帝国"，一时闹得沸沸扬扬，乌烟瘴气。后在全国一片反对声中，以及蔡锷发动讨袁护国战争的军事打击下，袁只做了八十三天的短命皇帝。追随袁世凯的杨度，也因此成为洪宪帝制罪魁祸首袁世凯的帮手，受到北洋政府的明令通缉。之后，杨度迷途知返，经与孙中山的交往，又受李大钊的影响，逐步认清了救国救民的道路，开始信赖共产党人，为革命做了大量工作。这是一个功过皆大，人生反差殊为鲜明的人物。

总理曾有遗言

进入新时期初期，政治清明，信息始畅。关于杨度，周恩来总理曾在一九七五年冬，关照秘书告诉王冶秋，要他转告上海《辞海》编辑部，在有关"杨度"的词目条下，应写上他最后加入共产党的事实，说"他晚年参加了党，是我领导的，直到他死"。周恩来当年这一遗言的披露，在史学界引起不小的震动。总理在病重住院期间，仍不忘一个为革命事业做过贡献的人，充分反映了党的实事求是精神，也展现了周总理虚怀若谷、作风细腻的博大胸襟。

闻悉这个消息，田遨亦兴奋不已，开始改变了对这个"政客"的看法。田遨想，这样一个历史人物，值得给予立传，使其青史留名。他曾想用小说的形式，塑造杨度的形象。但这只是一闪的念头。因为，理论界禁锢不少，思想尚未得到根本解放，对历史人物的评判，也就难以客观公正。如此，田遨感到杨度这个人物太难写了。几年后，上海《解放日报》兴起版面革新之风，新创"连载小说"副刊版面，以增强报纸的可读性与吸引力。报社领导将杨度作为连载内容之一，列入备用选题。在商量具体撰稿人选时，有人提议，请老报人田遨出山，他是最合适的执笔者。报社找到田遨征询他的意见，询问他有无兴趣写写杨度，商谈果然一拍即合。尽管田遨认为杨度难以落笔，但经不住这个题材的"诱惑"，决定挑战自己，最终接下了这茬活。但写传如何把握分寸，确实需斟酌再三，谨慎下笔。田遨在心中暗暗提醒着自己。

其时，田遨已六十开外，刚从上海美术电影制片厂的编剧岗位上离休，可以有较为宽松的闲散时间从容写作。这里，还有一层"情义难却"的意味。田遨原名谢天璈，济南市历城谢家屯人，生于一九一八年十一月，出身书香门第，父亲是前清进士，家里藏书甚多。田遨自小嗜书如命，养成"书呆子"性格。他年轻时做过小职员、银行雇员，一九四八年参加革命工作，在恽逸群任社长的济南《新民主报》社主编国际版。一九四九年随军南下，在江苏丹阳集结，模拟试办了一个多月的《解放日报》，五月二十七日到上海接管《申报》馆，同时参与《解放日报》的创刊工作。之后，田遨一直担任该报国际版主编，撰写了大量国际题材的随笔、杂文，先后出版了《帝国的梦破灭了》《战斗中的中东》等专著。一九六〇年，田遨调往上海美术电影制片厂任编剧。然而，作为工作了十多年的娘家《解放日报》，田遨的内心充满感情。报社提出的写作要求，他感到"有追求历史真实的责任感"，纵有再大困难，也要迎难而上，竭尽全力完成任务。

潜心研究传主

为了写好杨度传，田遨放弃了许多休息时光，整日埋首于故纸堆，搜集阅读杨度的有关史料，仅阅读参考书目就达四五十种，如《清朝野史大观》《袁世凯演义》等。面对一大堆庞杂不一、各执一词的材料，田遨仔细进行甄别、分析、研究，渐渐地，杨度的形象，在他的头脑中活了起来，清晰丰满了起来，也在心里豁亮了起来。他想，写好杨度，根本的写法，是让杨度自己说明自己。也就是说，从杨度真实的史料中，来写真实的杨度。虽然他的人生道路前后反差鲜明，但田遨分析道，如同蛹茧可以化蝶，内因是变化的主要因素。杨度曾有诗云："书生襟抱本无垠"，他自命是"书生"，他的老师王闿运也称他是"书痴"，说他"书痴自谓不痴"（《湖绮楼日记》）。他主张"立宪救国"，纵观欧美、日本诸国，都以君主立宪来强国，杨度认为中国也应该走这条路。当他看到国内军阀开战，民不聊生，更认为非君宪不可。他追随袁世凯，即出于君宪的目的，却不知道，袁只是以立宪为幌子来利用杨度，并不真正想付诸实践。而杨度则是想借袁的势力，来推行立宪。最后，袁世凯身败名裂，导致军阀割据的局面。历史的演变，说明杨度有先见之明。袁世凯死后，杨度有挽联曰："君宪负明公，明公负君宪？九泉之下，三复斯言！"。意思很明显，是说并不是我的君宪主张负于你（袁），而是你的所作所为辜负了我的君宪主张，你地下有知，好生想想吧！最终，杨度大彻大悟，经潘汉年介绍、周恩来批准，加入中国共产党，又由潘汉年、夏衍作为单线联系人，从事党的秘密工作。从此，杨度为改变中国贫富不均的社会现状，为推翻旧的统治和旧的制度而出生入死，把自己的安危置之度外。田遨经深入研究，感到不难理解，传主前后人生反差虽大，但立宪思想是一致的。杨度有爱国的情怀，书生的意气，君宪的思想，盖世的才华。这是贯穿其一生的主线，亦体现了人物思想的统一性。最后，田遨把杨度定位于"一个书生型的历史人物"。说杨度是书生本色，仅举一例便可窥晓。早在"五四"运动前的一九〇二年，他在所撰《〈游学译编〉叙》一文中，提倡写近于口语的"小说文学"。那时在文言文一统天下的中国，这一主张是颇具远见卓识的。杨度文采风流，诗文甚多斐然成家，家人曾搜集成一册，拟为出版。不料抗战时长沙大火，全部集稿付之一炬。但仍有二十多万字诗文遗存，可编《杨度集》。胡汉民在记述杨度留学日本时说他"读书甚勤"。陈赣一在《新语林》中写到杨度："有口才，一言既出，四座生风"。这样，把杨度作为书生的定位，为小说的写作，定下了基调。由此，田遨舒了一口气。因为，只有理清杨度的思想脉络，才能为小说的顺利写作，扫除最大障碍。

俗话说，好事不出门，坏事传千里。杨度捧袁世凯的事，是人人皆知的丑事。而他以后做的大量好事却是秘不外宣的。陈旭麓在《也谈杨度同志》一文中说：在杜月笙门下，他"出入龙潭虎穴，把搜集到的敌情贡献给党"。夏衍也在《杨度同志二三事》一文中写道："他不止一次把他亲笔写的国民党内部情况，装在用火漆封印的大信封内，要我转给上级组织"。杨度这些为地下党所做的秘密而危险的工作，过去长时期没有作过任何披露。

当然，连载小说要写得有小说味，让人读得下去，有形象化的启迪。为此，田遨决定以"外传"的形式，充分运用小说写作的艺术手段，如人物对话、情节描写等，写得生动可读。甚至在细节处，还要设身处地进行合理想象和推测，给读者以联想的空间，阅读的愉悦。

小说甫成，率先在《解放日报》"连载小说"副刊上连载。连载首日的《编者按》中说："作者以丰富的学识，清丽的文字，为我们塑造了一个清末民初、既沐浴过皇恩，又接受了日本维新思想的知识分子杨度的形象，把这个近代历史中有争议的人物，栩栩如生地再现在读者面前。"一石激起千层浪，连载尚未结束，反响之热烈，出乎人们的意料。当然，其中也夹杂着一些不和谐之音。反对者如杨度家属，闹到报社提抗议，说前半生不该写杨度拥护袁世凯，是丑化了传主。报社则据理力争，认为正因杨度的前半生与后半生有极大的反差，才值得写传。读者中也有人认为，小说过分美化了杨度，这当是见仁见智的了。也有的读者写信给作者，提出了一些修改意见和建议。田遨深感，这是读者对这部小说的关心，也是对作者的鼓励。复旦大学教授王蘧常写诗赞曰："笔健能绘大瀛海，文采真同旷代才。"下联即指《杨度外传》一书。南京大学校长匡亚明在《沁园春》一词中写道："寄意外传，文采奕奕，个中滋味苦中酣。"

小说"梅开二度"

传记小说《杨度外传》在《解放日报》连载结束后，编辑部于一九八四年十月将其编印成书，印行五万册，作为内部发行。在开端的《编者的话》中写道："小说刊出后，受到广大读者的欢迎，纷纷来电来信要求将汇编成册。我们现在编印了这本书，除赠给长期以来为本报辛勤工作的广大通讯员、作者和发行人以外，适当满足一部分读者的需要"，可见报社是作为答谢礼品赠予相关人员的。田遨在书中写了《后记》，最后一段说："写杨度其人是（储）大泓同志出的题目，也是他最早审稿，阿章同志、（孙）竞男同志都对这本书的问世给了不少帮助。王维同志、丁锡满同志始终关怀这部作品的连载和出版。这里一并表示衷心的感谢"。这是作者的肺腑之言。正因为有了当年《解放日报》上上下下同仁的鼎力相助，才促成了《杨度外传》在报上连载与书籍的问世。此书虽属内部出版的非卖品，但请了报社美编洪广文作了封面设计，又请美影厂老同事、《孙悟空》画刊美术编辑（田遨是该刊执行主编）李绍然画了插图。书上印了"工费本：1.00元"的字样，其他与正式出版物无甚两样。因《杨度外传》的连载和出书，好评如潮，不久，便获得《解放日报》社颁发的好作品"石门奖"。同年八月，《杨度外传》由河南人民出版社正式出版。首印十七万册之多，于今听来，有点不敢相信的印数，却是此书当年受到读者热诚欢迎的一个佐证。此书在一九九〇年香港书展上，又荣获一等奖。《杨度外传》一年中出版了《解放日报》社和河南人民出版社的两种版本，又分别获得了两种奖项，可谓"梅开二度"。此书出版不久，老报人陆诒到北京开会期间见到夏衍，因《杨度外传》中，写到沈端先（夏衍），两人便作了热情交谈，陆诒回沪后写了《夏衍谈〈杨度外传〉》一文，发表在《解放日报》"朝花"副刊。

当年，《杨度外传》即将出版时，田遨欣然提笔赋诗二首，其一写道："前贤心迹剖明难，褒贬随人意未定。写到子云投阁恨，千秋谁与洗沉冤"。回首往事，田老不禁感慨系之，在甲午初春写下七言一首："书生襟抱本无垠，爱国一生情意真，三十年前曾写传，而今新说有经纶"。

《杨度外传》问世后，田遨还写过关于任伯年的《丹青恨》，郑和的《宝船与神灯》，以及《钟馗新传》等人物传记，近年出版《田遨丛稿》（八卷）。田遨相继加入上海市作家协会和中国作家协会，并成为上海文史馆员等。而《杨度外传》作为国内第一部杨度文学传记，当在现代出版史上记上重彩一笔。

朱维之与《中国文艺思潮史略》

　　若不是九六高龄的丁景唐老多次给我提及他的恩师朱维之（1905—1999）先生，我对朱维之的生平与功绩，真的知之甚少。我得补上这个短板，开始关注作为文学史家、翻译家的朱维之先生。

　　亦是巧事。在一次淘书中，偶得一册旧著《中国文艺思潮史略》，著者即是朱维之先生。通过阅读和爬梳相关史料，获知此书的写作与出版亦颇为不易。此书成稿于一九三九年六月，而在此十多年前，朱维之阅读了大量有关西洋文学思潮书刊后，就萌生了写一部中国文艺思潮专著的想法。过了几年，他的阅读和相关资料的积累，已到了相当程度，又受到日本早稻田大学教授山口刚所著《支那文艺思想》，文须芳次郎《东洋文艺十六讲》，以及胡适《白话文学史》等影响，于一九三四年写成《中国文艺思潮史略》初稿，并在他任教的福建协和大学讲授过两次。一九三六年朱维之调至上海沪江大学任教，也以此为教本。在边教学边读书的过程中，又得朋友们的鼓励，对讲稿进行整理重写，尤其对相关内容的年代分期法，由切瓜式改用波浪式。只是令作者感到痛心的是，十多年来所积累下的参考书及相关稿件，因"八一三"日寇进攻上海的炮火而化为烟尘，以致给重写带来重重困难。尽管如此，朱维之觉得让这本重写稿及早出版，也是对这段历史的一种纪念，此书便于一九三九年由长风书店初版。由于颇蒙读者爱好，过了一个多月，即印了第二版。第二年准备第三次印刷时，又恰遇日军进攻珍珠港的太平洋战争爆发，再行印梓已不可能，书店遂想把纸型转移到大后方继续印刷。不料，没多久桂林分店也遭日军炮火的轰炸。抗战胜利后，长风书店老板想重新排印，无奈物价飞涨，书店只能印刷已成纸型的书，以减少成本。在此情况下，经周予同先生推荐介绍，朱维之索回在长风书店的版权，交给开明书店出版。开明书店虽然自身积压的书稿也多，却将此书优先付排，于一九四六年十二月出版，这让朱维之深受感动，称自己这本书是可怜的"国难孩子"，托付给开明有了新生的希望。此书出版以后，评论者不少，如赵景深谈道：书中有古典、浪漫、写实、象征等西洋名词，并不显得牵强，文笔也轻松活泼，可以做极好的教学参考书等。朱维之仍觉得这样的评论

"轻描淡写"，希望评论家有"不吝详细切实的指教"。

《中国文艺思潮史略》是一部以文艺思潮为中心线索的文学史，他破除了以朝代或世纪为纲要的旧体例，系统地梳理、描述了三千多年来中国文坛变迁、思潮更迭、作家辈出的历史进程，受到学术界高度重视，一九九一年列入上海书店"民国丛书"再度影印发行。尤其是书中第十一章最后一节"五四以来新文学的主潮"，可以看出朱维之对新文学初期的判断，他写道："一九二五年以后，除少数作家以外，大家都有新写实主义的倾向，步伐愈走愈齐，比较重要的作家像茅盾、沈从文、田汉、鲁迅、巴金、丁玲、叶圣陶、张天翼、老舍等，都是写实的名手。因为在这转换的大时代里，大家都不能不注目看一看现实的炼狱，而加以分析解剖。"他在全书的最后一句话振振有词、掷地有声："目下中国文坛的趋势，很明显的是以新写实主义为中心思潮，最近的将来也必须继续这个主潮而发展，光明灿烂的时期，不久便要到来了！"整整七十年过去了，朱维之仿佛像个预言家。

一九〇五年三月，朱维之生于浙江平阳县朱家岛村（今属苍南县）。五四运动时，他在温州中学读书，参加进步学生运动，并阅读大量进步文学作品。一九二三年得到在温州中学任教的朱自清指教，并走上文学道路。在温州的岁月，对他人生起着至关重要的作用。

一九二七年他从南京来到武汉，参加北伐，任第三军宣传科长。大革命失败后他到上海，进入青年书局从事编译工作。后应聘去福建协和大学任教。从一九三六年到上海沪江大学任教，后任中文系主任。丁景唐跟我讲述过，他一九四二年进沪江大学中文系就读，朱维之是他的国文老师。一九四八年上海地下党组织通知丁景唐，他已入敌人黑名单，尽快离沪。这样，他流亡香港，在生活十分拮据之际，忽然接到时任中文系主任的朱维之信函，聘请他速回母校担任助教，这给了他莫大的惊喜。回沪后，朱维之让他暂住已故刘湛恩校长的住所，以批改学生试卷为掩护，让他隐蔽在学校深处，以躲避敌人的魔爪。为此，朱维之差点被当局解聘中文系主任职务。只是未及实施，上海便解放了。一九五二年，朱维之调任天津南开大学，继李何林之后任南开大学中文系主任。除了《中国文艺思潮史略》，他还出版了《基督教与文学》《圣经文学十讲》等，翻译了弥尔顿长诗《复乐园》，马雅可夫斯基诗剧《宗教滑稽剧》，以及编写《古代中世纪欧洲文学》《文艺复兴时期的欧洲文学》等专著。朱维之的这些学术成就，他的知识分子风骨，亦当成为后人学习的楷模。

林毅的歌咏指挥法

时下，市民文化节开展得如火如荼，尤其是遍布城乡各处的群众合唱活动方兴未艾。一日，在旧书地摊上，见到《歌咏指挥法》一书，立马有了相关联想，下意识地将书抓在手上，怕被人抢了去似的。快速浏览一过，即刻"银货两讫"。旁边一起淘书的书友不解地问："这音乐的旧书，你也淘得？"我非音乐中人，只能含而不露，内心的答案自然是明确的。

《歌咏指挥法》当然是一本教授如何指挥唱歌的书，著者林毅，上海波涛出版社出版于一九五二年五月。之后，由上海陆开记书店分别在一九五三年二月与六月，印行了第二版与第三版，总印数达七千册。我淘得的即是第三版的本子。作者名不见经传，是一位普通的音乐工作者，长期下基层做群众音乐普及工作。他在《前言》的开头写道："今天的工人音乐运动，单以上海来讲，它已经不是一个很小的单位了，它已经是数千人，甚至上万人的广大的队伍了。这是目前上海歌咏运动的主力军，也是建设新中国、新上海的柱石……为了使工厂歌咏团能够自行解决些指挥上的问题，为了使爱好音乐想学指挥的工友们，以及愿意为新音乐努力的同志们解决学习指挥的问题"，作者撰写了这本书。他把书稿寄给了陈歌辛先生，陈当即审阅，并给作者寄出言辞恳切的回信，说"我以为这本书对工厂歌团指挥提供了必要的基本知识。歌团正需要指挥者，指挥者正需要着学习指挥法，而你这本书就是符合这实际需要的，相信工人同志们自己会从你的书里选取所需要的东西，我祝歌声响一阵，生产长一寸"。陈歌辛这封信，作为该书的《代序》，印在了书的前面。

陈歌辛系上海南汇人。毕业于格致中学的他，早期曾随犹太音乐家弗兰克尔学习音乐理论与作曲、指挥，后以教授音乐、创作歌曲为主。一九三五年，他创作了我国第一部音乐剧《西施》。他与黎锦光被誉为"歌仙"与"歌王"，成为当时中国流行乐坛两个杰出代表。他谱曲的代表作《夜上海》《玫瑰玫瑰我爱你》等，由周璇、李香兰演唱，风靡上海。他同时创作歌词，如《五月的风》等。可是，在新中国成立初的"反右"运动中，他被打成"右派"，下放农村劳动改造，在二十世纪六十年代初的"大跃进"中，不幸饿死异乡。陈歌辛育有三子一女，长子即当今沪上著名音乐家，曾以小提琴协奏曲《梁祝》誉满乐坛的陈钢先生。

当年，大音乐家陈歌辛不端大腕架子，对于一个无名小辈写的一本通俗音乐小册子，给予了悉心扶植和支持，可见他对高雅音乐普及的重视，对群众性音乐活动的热情肯定。

《歌咏指挥法》全书的特点，是结合实际，深入浅出，以书信的形式，用十二封信将有关歌咏指挥的知识，列为一个个小专题，像谈心聊天一样，层层讲解，每一专题有图示，有实例，后面还附有"练习"。如在"指挥动作的变化是为啥？"一节中，作者写道："在全市的歌咏竞赛里，我看见有几个歌团的指挥为了要表现指挥的力量，用很大的动作，并未收到好的效果。歌曲速度快的时候，指挥动作可以小一点，歌曲速度慢的时候，指挥的动作可以大一点。以这些变化动作来表现出歌曲的感情变化"。很专业的音乐知识，在他的笔下，化为通俗易懂的口语，娓娓道来，令人感到贴切和亲切。

联系当下上海，相比六十年前的工厂歌咏活动，真是今非昔比，群众性的合唱活动遍布各街道社区、公园广场。可惜的是，书店里还找不到一种合唱指挥的通俗读物。但合唱的灵魂是指挥，却很少有人会去关注他们。正巧淘得《歌咏指挥法》一书，使我浮想联翩，期待高雅音乐活动有更广的市民参与性，获得更普及、更健康的推广与发展。

吴运铎《把一切献给党》

周日清晨，去文庙淘书，在等开门的空隙，就在路边的地摊上随意转转，一眼就看到了《把一切献给党》，还成双成对，两本叠在一起呢，只是不同的封面设计。我知道，这是两种不同的版本。摊主要价极廉，两块一本，我立马一并拿下。尽管此书家里早有，还是不忍舍去，看来亦是一份书缘，或者说一种怀旧之念。

这本书，对于从上世纪五十年代过来的人来说，真可谓耳熟能详，记忆犹新，于今整整六十年一个甲子啊！此书三十二开，为右翻式的繁体字竖排本，这些五十年代初期的出版物，仍延续着民国时期旧平装的设计版式，此亦是我在旧书店猎寻的目标。到五十年代中期，由于出版系统大调整，并大力推广汉字简化，这样的旧版式，渐渐退出书籍的出版历史。

先看第一个版本的《把一切献给党》，著者为吴运铎，工人出版社一九五三年七月第一版第一印，首印数即是十万。封面是吴运铎的素描肖像，第二页的版权页上部，是《内容提要》，文字不长，实录如下：**"本书作**

者吴运铎同志是保尔·柯察金式的英雄人物，他的一生就是壮丽的诗篇。他本来是一个普通煤矿工人，参加革命以后，为了抗日战争的迫切需要，和同志们一起，刻苦钻研，创造了许多新式武器，并且从无到有，建立起数处军火工厂。他曾一再冒着生命危险突击紧急任务，因此三次负伤，砸坏了左腿，炸断了左手，炸瞎了左眼，即使在这种时候，他也以顽强的意志和对革命的无限忠诚来战胜死亡的威胁。当他躺在病床上的时候，他也紧张地学习，坚持写作，把病房变成实验室。书中充满了革命的英雄主义和乐观主义的精神，是一个普通工人成长为共产主义战士的真实记录。"

此段话开头提到的保尔·柯察金，涉及另一本同样风靡当年的外国文学作品《钢铁是怎样炼成的》，他是这本自传体小说中的男主人公，一个中国读者无法忘却的苏联文学典型形象。接下来在扉页上，印着该小说作者奥斯特洛夫斯基在结尾时写下的主人公独白："人最宝贵的东西是生命，生命属于我们只有一次。一个人的生命是应当这样度过的：当他回首往事的时候，他不因虚度年华而悔恨，也不因碌碌无为而羞耻——这样，在临死时候，他就能够说：我整个的生命和全部的精力，都已献给世界上最壮丽的事业——为人类的解放而斗争。"学生时代的我们，大多在日记本上工工整整抄写过这段话，用作自己的座右铭。接着是作者吴运铎写的

《前记》，文中回顾了此书的写作缘由与出版经过，特别提到在他几次报告的基础上，"由菡子同志、赵荣声同志帮助整理，完成了初稿"，出版单行本时，"得到工人出版社编辑同志的协助，做了较大的修改和补充"，可见这本自传体小说，凝聚了不少人的心血。

再说另一版本的《把一切献给党》，为一九五四年十月第三版，已是第十六次印刷了。首先封面设计不同了，这是一幅罗工柳所作入党宣誓画面的木刻。版权页上的《内容提要》文字似乎重写过了，但表述上大同小异，只是开头没有再提"保尔·柯察金"，最后一句是新增的："本书在二版时，就个别字句作了些修改。第三版全部经过重写，篇幅较前增加一倍左右"。确实，一九五四年三月出版的第二版，封面与第一版一样，文字亦无多少改动。而第三版则不同了，文字从初版的六万八千字，扩展到十二万四千字。定价也从三千四百元，调整为七千五百元（旧币计量法，一万元相当于后来的一元）。到第十六次印刷的印数，累计达到二百八十九万零二十二册。这个印数，现在听来，已是"天方夜谭"般不可思议。但这还不是最终的印数，因为在"文革"前，此书一印再印，十七次印刷、十八次印刷，很快就突破五百万册，像坐上火箭一样。还译成俄、英、日等七国文字，获得国际影响。同时，印过朝鲜族等一些少数民族语言的版本。这样的出版规模和印数，放到现在，是足以让市场化的出版社笑翻天的！看看眼下，一般书只能印三五千册，能印万册的，已是高印数了。两者相比，实有天壤之别啊。也许因印数之大，现在尚能在旧书摊遇见一二。按物以稀为贵的说法，可见这算不得珍贵的版本，但这却是一种留有时代鲜明印痕的特殊版本，是那个时代鼓舞人们奋发向上的教科书。此外，书前去掉了有奥斯特洛夫斯基那段名言的扉页及作者《前记》，直接就是目录页和正文。全书从原来的二十个小题目，改为十七个，去掉了"在克里姆林宫的红星照耀下"等标题，仅保留了"劳动的开端""第三次负伤"等四个原题，但所有的正文，都不一样了。凡是有关保尔·柯察金的文字不见了。可以说，第三版完全是一部重起炉灶写作的新版本。仅仅过了一年零三个月，变化之大，未知是否与斯大林一九五三年去世后，中苏关系开始发生微妙变化有关。另有一个明显不同，第三版增加了九幅单独的插图，由王式廓、李宗津、尚沪生、罗工柳、顾群五人所作的铅笔素描，人物画得神情毕肖，构图奇妙精湛，亦堪称经典。专请名家绘制的插图本，这在现在书籍装帧出版中，已属难以实现的奢想。可以说，我手头这第一版与第三版，是此书的两种最主要的版本。

作者吴运铎，一九一七年一月生于武汉汉阳镇。新中国成立后，先后任机械工业部研究院和机械科学院副院长，经常到工厂、学校做爱国主义报告，他说："如果我们今天不比昨天做得更好，也学得更多，生活就会失去意义"。一九五一年十月，中央人民政府、全国总工会授予他"全国劳动模范"称号，誉为"中国的保尔·柯察金"。一九九一年五月因病去世。他是我国兵工事业的开拓者，新中国第一代工人作家。与方志敏、刘胡兰等列为"一百位为新中国成立做出突出贡献的英雄模范人物"。

无论是当年，还是以今天眼光看，《把一切献给党》都不失为一本宣传革命优良传统的红色经典读物。它从一九五三年七月出版起，其海量的印数，以及各种形式的广泛宣传，整整影响了那一代人。作者以第一人称展开叙述，文笔亲切朴实，情节曲折跌宕，细节描写细腻，人物对话真实可信。把革命故事写得如此生动形象，没有丝毫的说教口吻，这是此书获得成功的一大因素。当然，从外部环境说，那是一个充满激情的理想主义社会。可以说，新中国成立以来，几乎没有哪一本青年读物，产生过《把一切献给党》那样巨大的影响力。

新时期以来，此书又由多家出版社，相继出版各种版本，还拍摄播映过电视连续剧和电影。但时下还有多少青年学生，会有兴趣去读一读这本革命书籍呢。六十年岁月沧桑，一本书映照出令人慨叹的时代变迁啊！

张恨水与《巷战之夜》

　　这册《巷战之夜》旧书，淘来已经好些时间了，放在架上一堆旧书报上，近日偶然寓目，又翻阅一过，亦是家中淘书的意外之喜。

　　此为张恨水所著，列《新民报》文艺丛书之二，书名下有"中篇抗战军事小说"字样。书前有作者的序，开头写道："这部书的稿子，放在故纸堆中，是有相当遥远的日子了。民国二十八年，友人编《时事新报》的《春光》，要我写小说，我就写了这部长篇。题目原来是《卫锋》，次年上饶的《前线日报》转载，我又改名为《天津卫》。前者是说故事里的卫杀一节，后者是说保卫天津，而北方人叫天津，根据历史的习惯，是叫天津卫的。略有双关之意"。这段开场白，写出了《巷战之夜》的写作缘起。

　　《巷战之夜》写的是在日寇进攻面前，天津和潜山的人民与侵略者浴血奋战的故事，其中写一位普通的教员，在与日军勇敢的斗争中，成长为游击队长，并率领民众狠狠打击来犯之敌。小说主人公是作者抗战的理想人物，表达了作者的团结抗战之强烈愿望。

　　在抗战期间，张恨水共创作了二十多部抗日题材小说，较有影响的如写国统区重庆的《八十一梦》等。而在上海《新闻报》连载的长篇小说《太平花》，则是他第一部具有抗日色彩的作品。他的《水浒新传》以古喻今，宣传抗战，在"孤岛时期"受到上海民众的欢迎。毛泽东曾予以评价："这本小说写得好，梁山泊英雄抗金，我们八路军抗日"（引自《张恨水年谱》）。张恨水在此书序中还说："抗战以来，我虽也写了几篇战事小说，但我不肯以茅屋草窗下的幻想去下笔，必定有事实的根据，等于目睹差不多，我才取用为题材。因为不如此，书生写战事，会弄成过分的笑话。这篇小说的故事，是我一个极亲切者的经历，她告诉我，这是天津将陷落时那一角落的现状。我觉得颇有点懦夫怒立的意味，就把故事略加点染，成了一个长篇"。

　　那年代，张恨水写作既勤又多，报刊连载应接不暇。他有个习惯，每次在报刊上发表过的作品，不论长短，如没有人向他提出出版单行本，他就放下不管不问。而《巷战之夜》不同，发表后的三年中，多次被人提起连载的要求，他就托人誊抄了一份。后来有朋友鼓励他出书，他就把这部现成的小说重作修改，书名定为《巷战之夜》。但又觉得小说的故事，于巷战于夜未能发挥尽致，经反复构思考虑，在原作前面加了第一章，在最后又加了第十四章。这样一来，他对自己的这部作品就更加满意了，如下文字可以说明他的愉快心情："这不敢说是画龙点睛，仿佛这就多了一点曲折。正如画山水的人，添一个归樵，添一段暮云远山，或者令看画的人，多一点兴趣吧？！"

张恨水增写的第一章为"周年纪念"，即巷战开打一周年的天津现状。他起笔写道："太阳沉没下去了，西边山脚，还有些红晕。蓝色的上空，陆续地露出了星点。这正如日间休息的游击健儿，开始活动起来了"。最后写道："读者要知道这个纪念的本事吗？下面就是"。如同章回体小说那样"且听下回分解"，这也是张恨水轻车熟路的写作路径。中间各章有"暴风雨将来时""流弹横下""炸起了中国男儿的怒火""天津在被屠杀中""月下劳军"等。最后一章是"二周年纪念"，写了巷战之后的第二年情况，前后衔接，首尾呼应。这补写的两个章节，都是根据张恨水自己的生活经历写出，都是有事实依据的素材。有专家评说《巷战之夜》是"艺术视野趋于开阔、格调查趋于豪放"之著。

张恨水（1895—1967）是《新民报》(《新民晚报》前身）的老报人，也是现代文学史上有影响的重要作家。由于不属左翼主流文学，而是所谓"鸳鸯蝴蝶派"，长期被忽略和屏蔽。现在，倡导实事求是、正本清源的历史观，已开始重新评价包括张恨水在内的一大批长期被打入冷宫的现代作家，并重新确定以言情小说为主的通俗文学家在现代文学中的地位。更要肯定张恨水作为一位正直的作家、新闻工作者，面对日寇入侵、山河破碎的惨状，毅然转变自己的文学观念与创作走向，积极投身抗战洪流。他担任过第一届"文艺界抗敌协会"理事等职。他的抗战小说，具有强烈的爱国主义精神，也是艺术上具有独创性的文学佳作，其影响之大，值得今日文坛引以重视并深入研究。正如老舍先生曾在《新民晚报》刊文所说："恨水是最富正义感、最爱惜羽毛的人，所以我称为真正的文人。"

周楞伽以章回体写抗战史

当我初阅民国年间出版的《中国抗战史演义》(下文简称《抗战演义》),不禁觉得异常新鲜,很少见睹用章回体形式,创作反映国民政府军队正面抗击侵华日军的长篇小说。再看小说作者,署名杜惜冰,在现代作家中,这个名字显然十分陌生。

《抗战演义》共六集,每集一册约十六或十七回,总计一百回,八十余万字。此书由东方书店出版发行,民国三十五年六月初版,十一月再版,十二月印了第三版。七个月内连续印刷三次,可见其当年受读者欢迎程度。

曾编写出版过《学生小字汇》《作文模范辞书》等专业书籍的文化人,亦即东方书店的创办人储祎先生,慨然为《抗战演义》作序。他在序文中写道:"日寇扬言于数日内即可打到南京,不意淞沪一打就打了三个多月,宝山城全营殉国,四行库孤军死守,其壮烈足以惊天地而泣鬼神。台儿庄歼敌、徐州城突围、长沙三次会战大捷,使日寇深陷泥淖而无法自拔……这一次战争,是中国历史上一件空前的大事，也是一件可歌可泣值得大书特书永久作为纪念的大事"。这序文，写得激情澎湃，荡气回肠，写出了中华民族抗战必胜的种种理由和坚韧信念。

作者杜惜冰，经多方查阅，方知是大名鼎鼎的传奇而多产的现代作家周楞伽先生。他著述颇丰，曾用过的笔名还有危月燕、王易庵等多种。在此书《撰后志语》的开端，作者写道："写历史是一件难事，写当代史更难，因为写史的人，应用客观的笔法，当褒则褒，当贬则贬，非盖棺不足以定论，而当代史是当今演变的史实，演奏史实的人物，大部分尚未盖棺，褒之则未必使其喜，贬之则定要遭其怒，受贬的人说不定会用恶势力来加诸写史的人"。这段文字，写出了作者在写作《抗战演义》中的真实心情。这样的担忧心理，果然在此书出版后得到应验，这是文化遭遇权贵所带给他的现实思考。当然，在回顾了写作过程后，他赶紧写上："本书更承罗再造兄、储欣伯兄、沈子华兄、王英兄、纪启华兄，路则庆兄、吴念萱女士代为收藏各地报纸及征集各种书籍，并此志谢"。作者不忘曾经给他以帮助的朋友，感恩之情跃然纸上。

为了写作《抗战演义》，作者作了较长时间的充分准备。早在淞沪战争爆发不久，传来八路军平型关大捷的消息，使正在从事难民救济工作的作者感奋不已。他想，由于国民政府对新闻的封锁，一般平民很少知道八路军抗战事迹。为此，作者将收集来的各种资料，连续挑灯夜战，花了三昼夜时间，编写出一本小册子《抗日的第八路军》，初版三千册一售而空，再版六千册还没印完，上海沦陷了，赶快托出版界朋友走水路，由英商"太原轮"运往广州，也是很快销完。港穗两地还竞相翻印此书，总数达十多万册之多。意外的成功，激发了作者继续收集抗战史料的热情，决心写一部更大规模的抗战史。他不但自己到处广泛收集，还请朋友在汉口、广州、香港等地收集，另请朋友从重庆、成都、昆明、贵阳等地收集。一直到抗战胜利，八年时间共收集资料达五、六千万文字，光整理这些材料，就花去他一个多月时间。

至于如何写作，也颇费作者思虑。是根据史料如实写呢？还是发挥想象加以描写呢？征询了不少朋友意见，最后决定做到"处处有根据、客观的、不是凭空乱写的"。写作材料的来源，主要取自三个方面，一是众多新闻报纸，如上海《大公报》《申报》《文汇报》《新闻报》《中美日报》《抗战日报》、重庆《大公报》《扫荡报》、成都《新民报》、《中央日报（贵阳版）》等。二是各类杂志如《东方杂志》《时与潮》等三十余种。三是书籍，各地出版的相关小册子不下百余种。由于对浙赣战事的记载甚少，借助黄绍竑先生的《五十回忆录》，作者在第三十七回、第五十一回和第九十五回中，都有扎实的史料铺陈。桂林反攻，是中国抗战胜利的序幕，在第八十二回和第九十五回中，对于这场血战的记载，作者多依赖杨魁先生的《桂林血战纪实》一书。而对于远征军在印缅的对日作战，孙克刚先生的专著《缅甸荡寇志》则"写得周详而有系统，精确而不夸张"，故作者在第七十二回、七十六回、七十九回、八十六回和九十一回中，多有涉及，有的便直接辑录而成。作者坦诚地表示："余岂敢掠美，特此举出，以存其真。黄、杨、孙三位先生大著，对于本书增色不少，敬此道谢"。

尽管如此，仍风波不断。书中写到的相关人物或涉及相关资料的原作者，有的还找上门来，寻衅闹事，作者无可奈何，或答应再版时，部分内容予以更改，或息事宁人，由出版社赔款了事。这即作者感叹的当代史的难写之处。

其实，作者本人在八年抗战期间，在极其困难的境况下，一面投身到各种抗战救亡活动中，一面收集这些难得的资料。而生活来源则靠写作与编辑多种刊物，有时还得靠跑单帮、卖旧书等勉强度日。因编写进步作品，作者还两次险遭日本宪兵逮捕。一次，他写了一篇反映游击队锄奸杀敌的中篇小说《江面春》，遭到日本宪兵的搜捕，险遭不测。包括几千万字的珍贵资料，他也历经千辛万苦，多次逃过劫难才得以幸存。

作者十岁时因感冒患上伤寒症，医治不及成了聋哑人。但他凭着坚忍不拔的刻苦精神，长期自学，成为中国古典文学专家。他熟悉明清《三国演义》《封神演义》，以及三言两拍等长篇章回体小说。在写作《抗战演义》时，能娴熟运用演义的结构来谋篇布局，从第一回"万宝山鲜民成祸水、卢沟桥日寇起衅端"起，到第一百回"抗战胜利普天同庆、巨奸入网大快人心"，写得全面而富悬念，以满足更多读者对抗战真实历史的了解。他曾说："我在三十年代末，改变了原来新文艺腔的创作方法，运用通俗文艺的笔法，却与鸳鸯蝴蝶派根本不是一路，没有低级趣味和庸俗的色情描写。"新中国成立后，作者调入上海古籍出版社工作，整理出版了一大批古籍专著，尤其对于古小说深有研究，多有论文与专著行世。晚年周楞伽长期居住虹口同嘉路，一九九二年八十一岁去世。

由于《抗战演义》写的是国统区与沦陷区的抗战史实，主要表现的是国民政府部队与日寇作战的诸多场景。新中国成立后，此书被指责为国民党军队歌功颂德，长期遭到封杀，以致广大读者不知民国时期曾出版过这样一部长篇章回体抗战小说。现在，历史的迷雾渐已澄清，蒋介石的国民政府虽有犹豫、彷徨，或指挥不力，但却是力主抗日的。相信，《抗战演义》一书，当会有再版重印的时辰。

冯秋萍的绒线编结法

　　近年来，先后在旧书摊淘得多种民国版《秋萍毛线刺绣编结法》，有单册也有合订本，均署名"冯秋萍编著"，不禁对此稍加关注，感叹绒线编结手艺，已渐行渐远矣。

　　手头一册《秋萍毛线刺绣编结法》，被冠名为"时装专刊"，为九、十、十一、十二四集合订本，由良友编辑社出版于民国三十年，前用四面扉页印社会名流虞和德、林康侯、严独鹤、潘公展的题词，如"编物大全""无师自通"等等。书中图文并茂，在介绍编结花样中，插入相关图片，让人一目了然。冯秋萍在《自序》中写道："萍自服务于绒线编结界以来，屈指已历八载，自编秋萍毛线刺绣编结法，先后出版者，亦有八集，惠购者纷至沓来，而参观此项编结法者，更属络绎于途，其来函之要求出版专刊，以供师法者，至今亦积牍盈尺，明知际此时会，纸价飞涨，贵甚缣帛，但为酬答各界仕女之感意起见，亦不暇计较及此乎。内容所收绒线时装，凡百十种，无一不自出心裁，绝不蹈袭旧法，自知可供切磋效法之用"。接着，罗鸿涛在序中写道："秋萍毛线刺绣编结法八集，每一问世，辄能不胫而走，风行一时。播音于电台，刊文于报张，指导于商界，教授于学校，遂使绒线编结一术，发扬光大，盛行于世；为职业妇女群，平添一种新工作，而宏开其生路"。

由此可见，当年绒线编结，是颇受女性青睐的生活乐事。

冯秋萍一九一一年生于上海，十来岁时就对美术和女红产生兴趣，在求德女子中学读书期间，于刺绣、编结和花样设计等课程中，成绩优异并屡屡获奖，独显其聪颖天分。中学毕业后，担任小学教员，专授美术、刺绣、缝纫等课。复于一九三四年始，开办"秋萍编结学校"和"良友编结社"，在广招学员、传授艺技的基础上，"为社会增加新事业，为我女界辟一新出路，直接辅助家庭之生产，间接增进国家之经济，一洗女子依赖之恶习"（冯秋萍语）。

绒线一物，亦如西装、大衣，系"舶来品"之一种，其编结工艺早期由传教士带入我国，在乡镇农村，成为妇女一种谋生手段，在大都市上海，还成为小家碧玉时尚打扮的休闲方式。她们编结出来的毛衣、披肩等，与玻璃丝袜、高跟鞋搭配，打扮出二十世纪三四十年代上海时髦女郎的靓影。冯秋萍积极倡导符合时代潮流的新女红，如其代表作"野菊花时装旗袍"，是一九四八年专为上海时髦小姐、少奶奶设计的。旗袍虽在上海滩是常见女装，但用绒线来编结，却是冯秋萍之首创。花色形态摹拟野菊花，图案富有民族特色，也是她独创的针法，造型上采取中袖并衬以垫肩，适宜青年女性春秋季穿着，此作品当年获得上海青年会编织物展览头奖，她被誉为"巧夺天工"的奇女子。

新中国成立后，冯秋萍被聘为上海工艺美术研究室研究员，主持绒线服装设计工作。上海解放后的第三天，她就应邀在广播电台讲授编结艺术。后成为民主同盟盟员，出席了第一届全国妇女代表大会。她主张妇女不但要以勤劳谋求经济独立，还要以双手来美化人生。一直到改革开放后，我记得一九七九年上海出版的第一辑《文化与生活》丛刊上，有她与黄培英等撰写的谈绒线编结花样的文章。一九八三年，她与女儿冯秀婷一起，在上海电视台举办《冯秋萍绒线钩针编结法》系列讲座，引起轰动，并引发当年编结女红的热潮。她在编结的针法上创造归纳出短针、长针、交叉针、萝卜丝针等几十种针法，在图案上创作出野菊花、美人蕉、孔雀翎、牵牛花等经典花型，成为后人学习绒线编结的样板。由此，冯秋萍被授予国家"特级工艺美术大师"称号。冯秋萍注重实践，又善于理论总结，其"秋萍编结学校"先后送出二十多届毕业生，几十年中培养了无数绒线编结人才，被称为"既是一位工于设计的实践家，又是一位长于总结的教育家"。她先后出版专著三十余种，她风格独特的绒线编结，是女红艺苑中的一朵奇葩，引领女性服饰时尚潮流，也促进了国产绒线业的迅速发展。

二〇〇一年，冯秋萍九十高龄谢世。如今，已经难见三四十年代的绒线藏品，羊毛衫多过绒线衫，编结工艺实现了机械化。但翻阅旧版的《绒线编结法》小册子，心想，这样的女红手艺，恐有失传之虞哪。

巴金译《回忆托尔斯泰》

在一年的淘书辛苦中，已收获六七种与巴金有关的旧书，写了小文《点点滴滴说巴金》，平添不少趣味，或可说苦并快乐着。这也许是与巴老特别有书缘，让我更多地以阅读的方式走近巴金。或者说，旧书摊特别眷顾我，在年末最后一次的淘书中，亦给我一个惊喜，那就是意外淘得巴金早年的译著《回忆托尔斯泰》。

此书原著为俄罗斯文豪高尔基，平明出版社初版于一九五〇年四月，我所淘得的本子已是一九五三年四月第三版了，印数累计达七千五百册。在封面右上角，是一幅典型的高尔基木刻肖像，由索洛维赤克作，鲁迅生前曾把它选入一九三六年良友公司出版的《苏联版画集》。书名六字的老宋体醒目而有力。著译者名字及一行"平明出版社刊"字，都是从右向左读去，一看即是民国"范儿"的老版式，因为二十世纪五十年代初不少私营出版社仍沿用繁体字竖式排版的装帧形式。此书中的内容，主要是高尔基在托尔斯泰养病期间，两人交谈的记录。正如高尔基在《前言》中所说："我当时随随便便地在一些纸片上写下这些笔记，我以为它们已经散失了，可是最近我又寻到了它们中间的一部分"。作家与作家的交往，又是两位具有深厚友情的顶级作家间谈论，充满睿智与思想的光芒。

在高尔基的笔下，托尔斯泰那么风趣，真实，生动。巴金在书后写有《后记》，说明道："这小书跟《回忆契诃夫》一样，也是从法文译本转译的"。但巴金在译文清样交出后，得到北京的一个朋友寄来的此书英文译本，巴金仔细阅读对照了英法两种译本，发觉法文本在第二十九节与三十节间，漏了一段十行左右的对话。那时书籍都是铅字排版，压成纸型后，很难增删更改。不像现在电脑排版，插一段文字易如反掌。所以，巴金只能从英译本中补译了这段文字，放在《后记》中。巴金接着又写道，托翁最小的女儿亚历山德拉关于父母曾有过一段文字，"写得很明白而且很动人，我把它译出来，附印在这儿"。这段文字约有三百来字，巴金也把它放入了《后记》中，还说"亚历山德拉是托尔斯泰最信任的女儿，她的话应当是可靠的"。这些初版《后记》中的内容，可以窥见巴金对自己译稿的认真与负责。到了此书印第二版时，巴金又在《后记》后面增加了两段文字，前一段说"本书第七十七页中的司威亚托果尔是旧俄古传说中的巨人，他曾夸口要把天和地两个'圈'拉拢起来捏成一个东西。他杀了那欺骗他的妻子。他后来死在圣山中的大棺材里面。本书初版付印时，我忘了加入脚注，现在在这里说明一下"。后一段说"本书第一〇九页中的'埃及的黑暗'，大约指旧约圣经出埃及记中所说'耶和华对摩西说，你向天伸杖'的故事，所谓出卖'埃及的黑暗'，多半是出卖绘者的这故事的图画，再不然就是在出卖什么奇迹吧"。

书稿全部译完，出版在即，巴金在初版和再版的《后记》中，又增写了以上这些内容，如果不补上，也无关宏旨，至少不会影响读者对书的阅读和总体理解。但是，巴金却不肯轻易放过，足见他对原文原意的忠实和敬畏。翻译与创作一样，都要力争尽善尽美。从巴金这篇不长的《后记》中，我们可以看到他一丝不苟、勇担责任的文人品德。

对于俄罗斯文学，巴金一向喜欢，阅读和翻译下力甚勤。巴金曾留学法国，又自学英语，这两种外语对他来说，翻译轻车熟路，均不成问题。对于俄语，巴金曾说"只有小学水平"，可以将此看作巴金的自谦，但他确实在边读边译中摸索着翻译俄罗斯文学。早在他十八岁时，就根据英译本翻译了俄罗斯作家迦尔洵的小说《信号》。以后，他一直致力于俄罗斯作家的小说、传记、散文、回忆录的转译和翻译工作。如克鲁泡特金的《我的传记》，赫尔岑的《家庭戏剧》《往事与回想》，屠格涅夫的《木木》《处女地》《父与子》，高尔基的《草原故事》等。他还译过《回忆屠格涅夫》一书。巴金的翻译风格是流畅、自然、传神，充满感情，近似原作风格。这是翻译界对巴金翻译的共识。草婴生前曾说："他所译高尔基的短篇小说，至今无人能出其右"。正巧近日在网络和纸媒上，引发了对泰戈尔《飞鸟集》新译本的争议。我觉得，翻译外国文学经典作品，是件严肃之事，即不得马虎，也不能猎奇。就翻译的敬业精神与译笔水准，我更信赖如巴金他们老辈译家按"信、达、雅"要求译出的精心之作。

附带说说，此书有两个蓝印章，一个是圆章，刻着"新民报资料室存书"。那是《新民晚报》的前身，上海一份家喻户晓的老报纸。报社为了工作人员查阅方便，而设立了资料室。在扉页有一个长方形章，刻着"上海工人革命造反总司令部资料室"。这是"文革"中的一种特殊印记。大概那时晚报已停办，造反派占领了上层建筑，连资料室也不放过，统统占为他们自己的财产。如今怎么又流到了旧书市场呢？这永远成了谜。好在托巴金的福，让我的藏书中多了一种他的译本。

艾芜的《文学手册》

　　在桂林，艾芜写小说，还写散文，每月都要写四、五万字的作品。长篇小说《山野》《故乡》，短篇小说集《冬夜》《秋雨》，以及散文集《我们的喇叭》，相继出版。由于作品接二连三见诸报刊，艾芜文名远播。每天，他都会收到来自四面八方的信件，除了文学界朋友，更有许多素不相识的文学爱好者，他们有的寄来稿子，希望得到推荐发表，有的提出各种文学写作上的困惑与问题，希望寻求解答。艾芜总是不厌其烦，耐心地一一回复，还花时间修改他们的习作，有较满意的，就推荐给报刊发表。通过他的指导，以鼓励他们坚持学习写作，并在创作中提高对生活的认识与提炼水平。

　　正在这时，文化供应社的编辑傅彬然、宋云彬，请艾芜为文学青年写本文学写作基础知识的小册子，艾芜不假思索地爽快答应下来。他觉得，在与文学青年的接触交流中，常常能感受到他们对写作知识的渴求，出一本这样的普及读物，很有必要。为此，他很快写作完成了《文学手册》，并于一九四一年三月在桂林初版，时隔不到一年，在一九四二年二月印行了四版。

书中，作者分三大部分，即第一篇、第二篇、第三篇，第一篇回答了九个问题，如"文学可以自己学习吗？""学习文学需要天才吗？"等。第二篇谈怎样获得语言、文字等文学工具，怎样获得文学创作素材，怎样获得文学的技巧等。第三篇，主要谈创作问题，如怎样反映现实，怎样写好作品中的人物等。最后，由微观到宏观，艾芜谈及文学的中国化及民族形式、现实主义与浪漫主义的问题。

文化供应社将《文学手册》列为《青年自学指导手册》之一种，其他有顾均正的《物理学手册》，唐锡元的《化学手册》，野夫的《木刻手册》等八种。在《文学手册》书末，有介绍该书的一段文字，说"本书最大的特点，不是空洞抽象的理论叙述，而是指导写作的具体说明，每篇举例甚多，许多著名的作品，都有周密的分析。而著者的文字，更深入浅出，把一些深奥的问题，娓娓讲来生动有趣，读者不但对于文学经验有所了解，而且是写作最宝贵的指针"。

这段文字，非常精准地概括了《文学手册》的特色。此书出版后，广受好评，尤其是文学青年，以为圭臬，却又不解渴。有读者来信，希望作者多谈些文学问题。艾芜根据读者的需要，又作了补充，于一九四二年十月，在桂林出版了《文学手册》增订本，即增订五版，到一九四三年十二月印了增订七版。作者在《后记》中写道："蒙读者不弃，来信提出作者未曾谈及的其他问题，同时作者亦感觉有好些不满意的地方，故将其尽量修订，该补充的加以补充，该改写的加以改写，所费时日与精力，亦差不多和写《文学手册》相等。"我手头有两种《文学手册》，均为增订后的版本，一是民国三十八年四月上海印新四版，说明上海至少印过四次，封面装帧为莫志恒所作。另一是，民国三十六年九月港再版，也说明香港至少印过两次。

可见，《文学手册》由文化供应社在桂林、香港、上海出过三种版次。而增订本比起原版本，有更大的提高，发行量亦更大。如此，艾芜才感到对得起青年读者。时至一九八一年六月，《文学手册》由长沙湖南人民出版社初版。作者写了《重版后记》，这是一篇珍贵的史料性文字，作者对此书的写作与出版作了回忆，他说，当年"桂林文化社要我写本文学入门一类的书，我就用平素的笔记和报纸杂志上的文学短论，加以系统化，再研究一次，又充实一些材料进去，便成了《文学手册》"。这里"有我对于文学的看法，有我学习写作的经验，有我对于写作技巧的探讨"。"四人帮"垮台后，我国读书写作蔚然成风，有读者还记得《文学手册》一书，询问哪里可以买到或借到此书。也有文学刊物，要作者将《文学手册》加以修改，进行连载。"又有的地方，任意支解，印成内部书籍流行。现在湖南人民出版社愿意把先前出过的《文学手册》，再行全部印出，我表示欢迎"。

艾芜还说："这本书，我不想作多大的修改，并不是说它已经完善了。我只是让它以一九四二年以前的面貌出现，使读者知道在某一段历史过程中我对文学的认识。但小的修改还是有的，比如书中大量使用'言语'二字，是四川人的口头语，经湖南人民出版社编辑部的同志指出，就改为'语言'较为普遍，我便改了，就是一例"。

可以说，重版本基本上是按原增订本印行的，初版印数即十二万之多，比民国年间所有印数的总和还要多许多，这让艾芜始料不及。他未曾想到，自己一心搞创作，偶尔为之的《文学手册》，在民国多次印行后，过了三十多年，又得以重新出版，除了《南行记》，还没有其他单行本有如此幸运了。

王为一与《游牧之歌》

　　一册薄薄的《游牧之歌》，会承载如此沉重繁复的往事，这无论如何让我始料未及。

　　近日，九十高龄的老作家沈寂将此书赠我，说拿去看看吧，可以有写篇文章内容的。我翻开扉页，见是签名本："沈寂兄存正！为一，1957.7.3，上海"。此书由哈萨克民间艺人哈尔曼·阿克提著，整理者即著名电影导演王为一先生，作家出版社出版于一九五七年五月。一个导演，怎么会去整理出版一部少数民族的民歌集呢？这对王为一自己来说，都不曾想到过，且是唯一的一次吧。

　　王为一为此书写有《前记》，最后一句写道："将这本书纪念我和我的亲爱的朋友赵丹、徐韬、朱今明在新疆那段漫长而难忘的日子。"他提到的这三人，都是艺坛好友，都着迷于斯坦尼斯拉夫斯基的表演理论，向往着有朝一日能去莫斯科剧院深造呢！一九三九年夏，他们结伴而行，打算从新疆前往苏联学习。在新疆时，他们还组建实验剧团，开展抗日救国的戏剧活动。不料，从事这些进步文化工作，却遭到军阀盛世才逮捕，过了四年的铁窗生活。在中共地下党和进步人士的营救下，直到抗战胜利前，他们才被释放，回到重庆，继续从事进步的戏剧和电影活动。

正是因为在新疆的这段特殊经历，才有《游牧之歌》的诞生。该书的原著者哈尔曼，因参与领导族人武装反抗盛世才的压迫而被捕。而巧的是，哈尔曼与王为一在乌鲁木齐的一间狭小的囚笼里，一起度过整整两年的牢狱生活。王为一发现，哈尔曼有一个小亲戚，也押在牢里当小差，每天给各个囚室门口送水等。遇到没有牢吏监视时，他会趁机到王为一和哈尔曼住的囚室前，偷偷与哈尔曼说上几句话，传递一个什么消息。有一次，他还冒着风险，从窗口扔进一小卷纸和一根短短的铅笔头，说要哈尔曼写些歌给他唱唱，还约好在厕所里坑板底下，作为他俩传递纸条的秘密地方。

此后，王为一就看到，每天借着铁窗下一点昏淡的光，哈尔曼把他曾经的所见所闻，饱含着对家乡深切的感情，化为一首首诗歌，又在每天"放风"的时候，悄悄把歌纸放在那个秘密的地方。一次，王为一翻阅哈尔曼作为留底的四十多首诗歌，不禁兴趣大增。他觉得，哈尔曼的这些诗，虽然题材是片断式的，缺乏连贯，有的没有写完整，但内容新鲜动人，情景丰富多彩，充满着哈萨克游牧民族特有的生活气息和精神风貌。于是，王为一请求哈尔曼把诗的内容一句句进行讲解，他忠实地把每一段诗都记了下来。有时，谈完一首诗，王为一还根据哈尔曼曾讲过的生活趣事，出一些题目，由哈尔曼慢慢讲，如《搬家》《狐鹰》《姑娘追》等，这些诗，就显得较为完整，艺术性也比较高。而大部分的诗，王为一经过整理，最后根据内容再加上题目。这样，这部民歌集，共得题十个，每题诗歌数量有多有少，多的有五十三首，如《结亲》，少的如《牧羊》，只有三首，总计有一百六十五首。这民歌体诗歌，由一定的音级组成，每首八句，押一种韵。节奏有的轻快，有的舒缓，一首首连在一起，就是一种长歌，就有相应的几种曲调可供歌者配唱。

这一百多首诗歌记录整理出来，对王为一来说，其实颇为不易。他在与哈尔曼两年的共同生活中，是一个互相学习的过程。哈尔曼不懂汉语，而王为一不懂哈萨克语。有时，为了一个名词，常常需要用许多话凑拢来加以说明，或用多种动作来表达一种感情，如此才能使王为一弄个明白。两年时光的交流切磋，他们的心相通了，语言也相近了，哈尔曼能用简单的汉语与他交谈了。王为一在整理诗稿中，也能根据哈尔曼叙述的口气和表情，结合耳闻目睹，加深对哈萨克民族生活的理解，便于对歌词质量进行润色与提炼。

到一九四三年，王为一已在狱中将诗歌整理出初稿。他感到自己虽然不是一名诗歌工作者，但这些诗歌是口头文学的组成部分，是珍贵的少数民族文化遗产，如能出版，对读者了解哈萨克人民的生活和他们的文化，会起到积极作用。这些想法，充分体现了作为一个电影人的一种文化担当。然而，在那严酷的环境中，出版诗集绝无可能。

王为一出狱后，于一九四八年、一九五一年，两次对诗稿进行整理。一九五六年，赶在此书出版前，他又作了全面整理。每次整理，都是一次修改与提高。王为一为我们保留和奉献了一部富有特色的民歌集。"旷野一片无边际／青草柔而细／午后太阳偏了西／微微风儿平地起／马儿一群像潮水／后浪还把前浪挤／尘土扬起像云雾／马儿隐约在云雾里"。读着这样的诗句，我们的心儿飞到了草原。

王为一一九一二年生于上海，曾就读于上海美术专科学校油画专业，后参加中国左翼戏剧家联盟，投身抗日救亡运动。一九三八年在重庆任中国电影制片厂编导。建国后相继在北影、上影、珠影任导演，先后导演《珠江泪》《山间铃响马帮来》《铁窗烈火》《三家巷》等影片。一九五〇年沈寂在香港摄影外景地认识王为一，王正在拍摄电影《火凤凰》。不久他俩先后回到上海，成为上影厂同事。王为一在导演《铁窗烈火》时，沈寂跟他讲了"励志英中"同学王孝和许多鲜为人知的往事，令王感谢不尽，特以《游牧之歌》相赠。一九五八年后，王为一定居广州珠影公寓。他见证了百年中国电影发展史。今年，广东文艺界集会，庆贺他百岁生日。九月，在大众电影百花奖颁奖典礼上，王为一获金鸡奖终身成就奖。然而，谈及《游牧之歌》一书撰写出版，王为一记忆犹新："当时没有纸笔，把煤灰掺点水，用扫地的稻秆削一下，就沾着煤灰，记在《普希金文集》的空白处。在四年牢中，《红楼梦》读了四遍，另一副产品，就是编写了这本写游牧生活的诗集。"

郑振铎译《飞鸟集》

　　一部《飞鸟集》新译本引发的激烈争论，已超过了翻译界的范畴。这在当下的中国译界，似乎并不多见。对于外国经典著作，有多种译本，让读者有多种阅读选择，这本身是件好事。至于译者的风格、水准，见仁见智应有读者来评判。但无论翻译与出版，若仅为利益所驱动，那就不足为取了。

　　作为旧书爱好者，《飞鸟集》是我接触较早的中译本之一。**"爱就是充实了生命／正如盛满了酒的酒杯"。"我像那夜间之路／正静悄悄地听着记忆的足音"**。泰戈尔的美妙诗句，常在脑际萦绕。泰戈尔诗歌《飞鸟集》的最早中文版，是由郑振铎先生译出的，商务印书馆初版于一九二二年十月。这是国内第一部从泰戈尔自己译成英文的诗歌中文译本，译本标为"太戈尔诗选一"（今通译泰戈尔），因郑先生第二年又翻译出版了《新月集》，作为"太戈尔诗选二"。到一九三三年的十余年间，《飞鸟集》先后印过五个版次。一九四七年作为"新中学文库"之一种，又印了一版。在初版《飞鸟集》前面，郑先生写有不足两百字的短《序》，他说："近来小诗十分发达，它们的作者大半都是直接或间接接受太戈尔此集的影响的。此集的介绍，对于没有机会读原文的，至少总有些贡献"。郑先生有感于当时新诗兴起不久，写诗者大多小心翼翼，未敢长篇巨制，只是先从短小的诗进行新诗尝试，一时小诗盛行。当年上海《时事新报·学灯》登载这类小诗甚多。于是，他便着手开始翻译小部分《飞鸟集》中的小诗，后又在杭州西湖畔，完成余下的大部分译稿。此事得到当时文学研究会青年诗人叶圣陶、徐玉诺的激赏和支持，他们帮郑仔细校阅全部书稿后，"供给了许多重要的意见"，郑深为感动并在《序》中致谢两位好友。一九二五年三月，商务印书馆把他译的《飞鸟集》和《新月集》合二为一，出版小开本的《太戈尔诗》一书。

一九五六年七月，《飞鸟集》由新文艺出版社出版了新的版本，郑振铎为此写下《新序》，开头便道："我那时候只选择了其中为自己所喜欢的和能够懂得的若干篇，有些不太了解或觉得宗教的意味太浓厚的，就都删去不译。但也译得不少，共译了二百五十七首，占全部的四分之三以上，就印成一本小小的书出版。现在，趁这个再版的机会，重新把我的译本读过几遍，自己发现有些诗译得不太好，甚至，有些译错的地方，便都把它们改正过来，同时，又把那时候没有译出的六十九首诗，补译出来。现在这个样子的新版，算是《飞鸟集》的第一次的全译本了"。郑先生还感慨地说：这些短诗，看起来并不难译，但包含着深邃的大道理，或尖锐的讽刺诗，要译得恰如其意，是不大容易的。最后，郑先生作了一个说明：原据的英文本共有三百二十六首诗，其中一首是重复的，删去后成为三百二十五首。可惜的是，郑振铎于一九五八年十月在出国访问途中，因飞机失事不幸遇难。这《飞鸟集》全译本是他生前的最后一种译本。郑先生的这个全译本，在上世纪五十年代末与八十年代初，由上海文艺出版社和上海译文出版社分别重印出版。要补充说的是，郑先生曾于一九二五年作为"文学研究会丛书"之一，由商务印书馆出版过他撰写的《太戈尔传》，这是国内关于泰戈尔的第一本中文传记。

上世纪五十年代中期，冰心翻译出版了泰戈尔的另一部诗集《吉檀迦利》，又翻译了部分《飞鸟集》中的短诗，选入与石真共同出版的泰戈尔《诗集》一书中。冰心曾说："泰戈尔是我心仪已久的诗人，他缜密的文思和流丽的词句，把我年轻的心抓住了，我在一九二一年以后写的短诗《繁星》《春水》就是受他的启发"。

泰戈尔一九二四年曾访问中国。在我国抗战烽火燃起时，他曾猛烈谴责过日本帝国主义者。郑振铎为此充满感情地说："他是永远地为了公道与和平而斗争的、我所熟悉的白发的诗人，他是那样地接近我们，同情我们啊"！

　　同样，在上海的老一辈翻译家中，曾是郑振铎在暨南大学文学院的学生吴岩先生（即孙家晋），于一九五六年曾先行译出泰戈尔的《园丁集》，以后一直执著于泰氏的诗歌翻译。一九九二年译成《飞鸟集》。他在此书《译者后记》中写道："如果我的译本多少还有些可取之处，那是西谛（即郑振铎先生）对我长期教导的结果，我感谢他的在天之灵"。一九九五年，吴岩完成泰戈尔十种诗集的中译本，并写下译事长文《望霞听雨札记》，附在他的泰戈尔英诗汉译《心笛神韵》一书后，于一九九七年七月由上海译文出版社出版，首印即一万册之多。吴岩是我国翻译泰戈尔诗歌用力最勤、成就最大的一位翻译家。在他生前，我与他在病榻旁有过一面之缘，听他畅谈翻译的经验和乐趣。他说："我追随泰翁的想象和幻想，力求忠实于泰翁自己的英文本"。还要提一笔的是，年届九旬的沪上翻译家、藏书家吴钧陶先生，知我喜欢诗歌，且收藏文学旧版本，特地将郑振铎先生整整一个甲子前出版的《飞鸟集》赠予我，令我深铭于心。

被翻译遮蔽的诗人曹葆华

今年，在曹葆华辞世四十五周年之际，我遇得一册已然泛黄的民国版旧著《无题草》。当我摩挲这册诗集，见作者署名为曹葆华，心中颇为诧异，下意识地感觉到，这不是一位翻译家吗?！他翻译了许多马列主义经典著作，如列宁的《唯物论与经验批判论》，斯大林的《苏联社会主义经济问题》等，以及不少文艺译作，如普列汉诺夫的《没有地址的信》，总量不下六七十种。而且，大多不署名或只写一个化名。曹葆华一九七八年九月二日去世时，新华社的电讯稿称他为"我国著名的马克思主义经典著作翻译家，长期致力于马列主义经典著作和无产阶级文艺理论的翻译介绍工作"。盖棺定论的文字，却只字未提他的诗歌成就。看来，他的诗名被翻译所遮蔽了。但老诗人方敬曾写过《别忘了诗人曹葆华》一文。另在巴金的文章中，亦提及曹葆华的诗歌创作。

曹葆华出生于一九〇六年。一九三一年毕业于清华大学外国文学系，一九三三年，他考取清华大学研究院。一边潜心学业，一边为《北平晨报》编《诗与批评》副刊。为了办好副刊，他常常到北海前门三座门大街，即靳以与巴金编《文学季刊》的地方。靳以与他谈笑风生，称他是"清华诗人"。在此，曹葆华认识了作家巴金。巴金在一九七九年《战地》增刊第一期上，写有《一颗红心——悼念曹葆华同志》，文中亦谈到："我与靳以经常同他开玩笑，他从不发脾气。抗战初期我听说他到延安，又读到他在那里写的诗"。巴金虽然没有谈到《无题草》，此书却是巴金为曹葆华编辑出版的第四本诗集，列入巴金主编的"文学丛刊"第五集中，这一集共十六册，有萧乾的长篇小说《梦之谷》，沙汀的短篇小说集《苦难》，萧军的散文集《十月十五日》，曹禺的剧本《原野》等，诗集唯有曹葆华的《无题草》一种。

《无题草》初版于民国二十六年五月，第二年八月又再版印刷。这说明，他的诗歌是深受读者欢迎的。诗集是诗人将他之前所写诗歌的结集，共五十四首，大多曾刊于《文学季刊》《文季月刊》《文艺月刊》《水星》《新诗》等刊物，发表时均以《无题》署名。编成集子共分五辑，每首诗以第一句的头两字为诗题，如第一首第一句为"听说您走了"，就以《听说》为题，第二首第一句为"她也该歇息了"，诗题就是《她也》，尽管不通，亦仅出现在目录上，正文则以一、二、三标示，并无诗题。准备出诗集时，曹葆华想，总要有个书名才好。一次，他对诗友方敬说："这集子还没想好书名，干脆就叫《无题草》吧。"方敬接口说："这个书名不错，无题中自有题，倒是无题还有题，李商隐不是有那么多有名的无题诗吗！"

曹葆华的诗，呈现过三个风格明显的阶段。从一九二九年四月，在《清华周刊》发表第一首诗《希冀一路灯》，开始新诗创作，诗风是热情的明朗的，像"新月派"诗人那样，探索新诗的格律化，得到朱湘赏识，遂成诗友。他的第一本诗集《寄诗魂》，于一九三〇年十二月出版，扉页上题词道："献给文沅（朱湘）、念生两兄。"第二年他出版了《灵焰》《落日颂》两部诗集（《灵焰》只是《寄诗魂》的选本）。之后，受波德莱尔、庞德、艾略特等法国象征派和英美现代派诗人影响，他的诗风起了变化，诗语硬挺，诗意幽晦，诗味冷涩，《无题草》就是这一诗风的代表作。诗论家孙玉石说："《无题草》是曹葆华引人瞩目的一部诗集。诗人注意带有象征性新颖意象的创造，追求朦胧中暗示传达诗情的隐藏效果"。如第二辑第十首：**"一石击破了水中天／头上忽飘来八只白鸽／一茎羽毛，两道长虹／万里外有人正沉思……"**诗中"水中天""白鸽""两道长虹"，均暗示梦醒后幻灭失落的象征意象。

《无题草》出版不久，抗战全面爆发，曹葆华回到成都，在石宝中学短暂教书后，于一九三九年底奔赴延安，投身抗日活动，其诗风也为之一变，以战斗的激情，唱响开朗率真的现实主义战歌。曾编成《生产之歌》，未及出版。之后，他任教于鲁迅艺术学院，后调入中共中央宣传部编译处，长期从事马列主义经典著作的翻译。直至九十年代中期，四川文艺出版社出版了他的第一部选集《曹葆华诗选》。

从创作上说，曹葆华是只写诗，不谈诗。从翻译上说，他是不译诗，只译诗论。早年他译过不少西方诗学理论，集为《现代诗论》出版。现在能找到他唯一谈诗的史料，是一九三九年他赴延安之前，在成都文协举办的一次诗歌座谈会上的发言："诗人不应逃避现实，而应正视现实，研究现实，纠正现实，这样一来，诗的路子也就宽大了。"

当年，对于《无题草》这样一部非左翼文学范畴的诗集，巴金在上海毅然接纳了它，把它编入丛书出版。细细想来，我为巴金对朋友的真挚友情，对文学的包容精神所感动。他俩的友情一直保持了近半个世纪。上世纪五十年代初，曹葆华给巴金的信中写道："你又去朝鲜了，三个月前，收读了你写的报告集，甚为兴奋。"即使在"文革"中，在不通音讯的状态下，彼此还在打听和惦记着对方。一九七八年三月，巴金在京出席第五届全国人代会第一次会议期间，还特地抽时间到曹葆华家中看望了他。这次相见，竟是永诀，成为他俩最后的一面。曹葆华给巴金留下的最终印象，是"孤零零一位老人拄着手杖在小胡同里歪歪斜斜地走着，仿佛随时都会让寒风吹倒似的"。巴金在回忆文中写道："他有一首诗讲他自己：一颗红心走西北，出没烽火四十年……他活在他的诗篇上，也活在他的译著里，更活在朋友们的心上。"

莫洛为死难者立传

　　莫洛曾于一九四九年出版《陨落的星辰》，也是我手头同样值得珍视的版本。莫洛是我国上世纪三四十年代的温州籍诗人，对于他的新诗与散文诗的创作，文坛已多有论述。而他在文艺史料上做的蒐集工作，人们似乎知晓甚少，他本人生前也难得一提。我以为，他在文艺研究上对文坛的贡献，不亚于他的诗歌成就。

　　民国三十八年一月，莫洛在上海出版了《陨落的星辰》。出版此书的，是作家沈寂主持的一家小型私营出版社人间书屋。当初莫洛感到书中写到一些左翼文化人在抗战中去世，怕给沈寂惹事，想做些修改，沈寂说没关系。书印出后，大受文化界欢迎，主持文化生活出版社的著名作家巴金看到后，也很敬佩作者和人间书屋。这家书屋唯一出版的就是莫洛这本书，后来计划出版陈烟桥的《木刻的鲁迅》，已做好锌版，却被国民党查抄，终于胎死腹中。《陨落的星辰》封面下端有"十二年来中国死难文化工作者"字样，在扉页的两面，分别印着"记十二年来（一九三七年—四八年）死难的文化工作者""他们呈献了血和生命"。作者在《题记》开头写道："八年艰苦的抗战，以及接着而来的三年内战——在这十二年（一九三七年——九四八年）中，中国的文化工作者们，是在怎样的一种情况下工作着、斗争着和生活着，而且是怎样地捧出了自己的血和生命，献给我们的文化、祖国和人民"。结尾处写道："我们的文化工作者和我们的人民一样，需要和平、民主，需要生活的健康，生命的活跃，需要多量的阳光，新鲜的空气，而今天，在新的时代还没有到来之前，我们在这里，一边怀着悲痛和愤恨，向死难的文化战士们致敬；而另一边，我们也向那些现在仍坚持着为民主的文化而工作而斗争的文化战士致无限的敬意，致热烈的祝福"。

该书没有目录，共一百三十八位文艺工作者，按笔画为序进行介绍，如第一个介绍的是王天基，木刻家，然后是一段简介文字。全书后面有一"索引"，并标示页数，不但便于读者翻找，而且按文艺理论家、诗人、小说家、散文家、剧作家、翻译家、漫画家、木刻家、音乐家、教育家、出版家等进行分类，还有无法归类的，如李叔同、钱毅等，就放到最后"其他"一栏。介绍列名的传主，文字多少因人而异，详细的如郁达夫，洋洋洒洒有两千余字，简单的如李登辉，仅一句话："李登辉是中国教育界的老前辈，他在复旦大学做了十年以上的校长，桃李遍全国，有着很高的声誉，一九四七年病逝于上海"。文字的长短，主要取决于作者对传主资料的收集程度。当然，由于种种局限，有的资料出现差错在所难免。如散文家吴伯萧，介绍文字说他"惨遭酷刑，以致残废，其当时生活艰苦，赖卖文度日，后贫病交迫，在一风雨之夜，默默死去"。其实，吴伯萧一直活到一九八二年。在这些文化人中，有大家所熟悉的，如邹韬奋、朱自清、陶行知、蔡元培、钱玄同、丘东平、萧红等，也有不太为人所知的，如诗人刘廷芳、严杰人，小说家孟田、宋越，翻译家蔡泳裳、周行等。正是这些名不见经传的文化工作者，才华横溢却英年早逝，莫洛为他们留下了珍贵史料。这是《陨落的星辰》最值得后人赞赏之处。当然，书中也不免遗漏了一些文化人。对此，我们绝不能苛求作者，因为在那样黑暗的年代，那种闭塞的环境，搜集资料是件十分艰难的事情。当年，莫洛在编辑《暴风雨》诗刊、《战时商人》月刊时，在翻阅报刊时，发现文化界的一颗颗"星辰"，在极其艰苦的战时环境下，像流星似的纷纷陨落，他非常震惊，决心收集这方面的资料，以引起大家对这个现象的关注。为编著此书，他"为时达三年半，易稿凡五次"，终于交出"一张用血和泪缮就的账单"，完成了心中的愿望。

此书中的作家部分，在成书之前，莫洛曾以《呈献了血和生命的作家们》为题，在郑振铎、李健吾主编的《文艺复兴》"中国文学研究专号"上发表过。后作者经精简修改后，在沈寂主编的《春秋》杂志上，以《陨落的星辰》为题连载过。在此书付印时，因"沪温间邮递又极迟缓，以致已写就之增补文字不克排入，殊为歉疚。以后如有重版机会，当再行增补"。这是莫洛在书后《作者附记》中的一段话，并就他此书的写作经过作简单回顾："作者编著本书，为时已达三年半，易稿凡五次，然终因僻处小城，材料缺乏，见闻不广，且对文化界人士又乏交谊，故虽尽最大努力，其中错误、遗漏、失实，以至过分简略处，在所难免"。落款时间为"一九四八年五月，温州"。在这里，莫洛的谦逊、坦诚、实事求是的精神，令人钦佩。然而，时至今日，此书始终未得"重版机会"。

作为今天的读者，我不能不对莫洛肃然起敬，即使他在九泉之下，亦会因得到后人的敬重，而深感宽慰。因为，在对文化工作者的史料搜集中，他做了开创性的工作。在他之前，还没有出版过类似的专著，他为我国文化事业做了一桩利在后代、功不可没、富有重要意义的善事。正如他说："我在这里记下他们光辉的名字，使他们在中国的文化史页上，永远放射着文化战士不灭的光芒"。

倪海曙用沪语改写《铁马记》

　　保护和传承上海本地方言，时下已成为社会的一个热点。此际，我忽然于旧书店淘得一册沪语读本，平添意外之喜。

　　这是一部通俗文艺作品，书名叫《铁马记》，原作者为苏联劳动模范、被称为全苏第一女拖拉机手的安奇林娜，原书名为《我的集体农场生活》，是以第一人称写的自传体小说。故事说的是一个旧俄时代受压迫的农民，在苏维埃政权下成为集体农场的劳动模范，经斯大林的领导培养下，成为女拖拉机手，带领大家共同进步。卫国战争中，她们忘我劳动，支援前线，在和平时期开展劳动竞赛，提前完成了生产计划。此书由我国著名翻译家朱海观先生根据俄文译出，时代出版社于一九四九年五月出版。《铁马记》系改编本，繁体字竖排右翻版式，封面上老宋体"铁马记"三字下，画的是飒爽英姿女拖拉机手，沿袭着典型的民国装帧样式。该书由倪海曙先生编写，一九五一年一月上海新华书店华东总分店出版发行，初版印数一万册。

倪海曙在书前写道："这种通俗读物是专门写给上海的，和懂上海话的工农弟兄姊妹看的。看的时候只要用上海口音把一个个字读出来。全本书讲一个故事，但是用的都是六个或七个字的押韵句子，所以看起来很省力，读起来很顺口，听起来很清楚。特别不会因为识字太少，因为书上字太密，或者因为语言不熟悉，于是有不敢看或看不下去的感觉。这还是一种尝试，是从旧式的唱本上学习来的，希望工农弟兄姊妹们读后告诉我你们的意见。"

　　这段话，把编写者的想法表示得清楚明白，就是要为工农读者提供一种通俗的文艺读物。全书共分十七个章节，像诗歌那样一行行排列，显得整整齐齐。如女主人公帕沙受到一位老牧民的帮助，书中是这样写的："放羊辰光年纪小，赤脚登勒山浪爬。清早赶羊出村庄，风吹雨打太阳晒；身上背只小布袋，一块面包一瓶茶。牧场离村三十里，荒山野地多风沙；天黑弗能回家去，吓煞童年小帕沙。幸亏有个老牧人，时常搭伊讲讲话，老人名叫泰伦提，叫伊小囡不要怕。干柴野火烧一堆，缺嘴茶壶挂一把；右手擎出黑面包，左手拨伊酸黄瓜；叫伊烘火吃末事，吃饱搭伊讲笑话，笑得帕沙地浪爬……"。有时，书中对个别关键沪语还作注解，如伛，念欧（eu），就是"弯腰"；烊，音羊，就是"化雪"，等等，让不懂上海话的读者也能读懂。全书共九十页，两千余行类似唱词那样的民歌体诗行，写得一气呵成，通俗、清新、形象、生动，用沪语读来，朗朗上口，韵味十足。

最后，该说说编写者倪海曙，现在已不大有人晓得他了。他是我国著名语言文字学家，现代作家。一九一八年生于上海，早年在震旦大学读医科，后转读复旦大学中文系。从二十世纪三十年代起，一直致力于我国文字改革工作，曾任《时代日报》和时代出版社编辑，主编《新语文》《方言文学》等副刊。一九四九年五月上海解放后，他任复旦大学新闻系教授，上海新文字工作者协会副主席，主编《新文字》半月刊和《语文知识》月刊。后调任北京中国文字改革委员会工作，主编《拼音》月刊、《文字改革》月刊等。他一边从事文字改革工作，一边创作通俗文艺作品，有的还用方言写成，其中诗歌为多。他累计写作、翻译的专著有五十余种，如《新文字教师手册》《中国拼音文字运动史简编》《鲁迅论语文改革》等。他曾用苏州话写成《苏州话诗经》，用拼音文字写成叙事诗《楼台会》。而用沪话诗歌写成的《铁马记》，当年更是受到上海读者的欢迎，一些老读者至今还记忆犹新哪。可惜的是，倪海曙先生于一九八八年因病去世，只活了七十岁。现在，书店里书海茫茫，却几乎看不到沪语读物。假如上海本地作家能像倪海曙那样，尝试用上海方言写作，那海派文学长廊将会更丰富多彩，有更浓郁的本土气息。

丰子恺与《子午山纪游册》

　　民国三十一年五月，由赵逎康、丰子恺、李瑜三人编辑，以遵义孤儿所为发行印刷单位，出版了《子午山纪游册》一书。此书不见《丰子恺年谱》等相关资料记载，丰子恺为此册所插配的绘图，也不见选入丰氏多种漫画集，可见知之者无多。

　　斯册十六开原迹影印，前有浙江大学文学系主任王焕镳的序言，开首写道："遵义于西南号文学之国，而郑子君、莫子偲、黎莼斋三先生尤有闻于天下，四方宦游之士至其邑者莫不慨然想见三先生埋骨之所。"说的是他与遵义耆宿、清末举人赵逎康、温州李子瑾、崇德丰子恺、武进冯励青、长沙罗巴子诸人，于民国三十年初春结伴，到遵义新舟河滩子午山祭扫清代桐城散文名家郑子君、莫子偲（友芝）以及曾出使国外的黎莼斋墓地后，各有诗文画呈献，编为《子午册纪游册》。王焕镳是我国先秦文学研究专家，著有《先秦寓言研究》《墨子校释》等专著，解放后任之江大学、杭州大学中文系主任。此册还有赵逎康撰写的郑、莫、黎三人小传，及长文《辛巳同往谒郑、莫、黎三先生墓记》，详记游览盛景。接着是李子瑾、冯励青、罗巴子诸人的诗词酬唱，最后有李子瑜的《跋子午山纪游册后》，结尾写道："斯册之缉虽未能扬三先生之未耀，而公之行谊其殆将稍稍暴于世矣。"

丰子恺先生共在此册中绘有十二幅漫画，前面配合郑、莫、黎三人小传，各画一幅遗像，均寥寥数笔，神态毕现。在赵迺康谒墓记的长文后，绘有郑、莫、黎三人墓地图各一幅。再后面有六幅漫画创作，穿插在诗词中间。第一幅《坐久意未厌》，题跋为"卅年早春游子午山，破晓偕励青兄坐禹门寺前，与山水默契良久，归后用励青兄诗句作此，子恺"。画面中两人坐在大树掩映下的台阶路上。第二幅《湛湛江水兮上有枫，极目千里兮伤春心》，题跋为"卅年早春游子午山，道经清神桥，凭栏远眺，欣慨交心，归作此图，子恺"。画面中一人独自兀立桥上。第三幅《一弯绿水山百转，门前一笑师像迎》，题跋是"卅年同游子午山，访胡献之老丈之小庄，即图其景，借迺康老丈诗句为题，子恺"。画面是小溪前的山庄，门扉洞开。第四幅《节孝祠》，分别有赵迺康、李子瑾《节孝寺观丰子恺君画佛》诗一首，李诗云："何劳尘外访，画里见维摩"，道出了漫画如唐诗人王维"画中有诗"的意蕴。第五幅《柳待春回绿未生》，题跋为"子午山纪游借题李子瑾兄诗句，子恺"。画面是柳树下的石桥上，坐着等待春天的人们。最后一幅是《折取一枝城里去，教人知道是春来》，题跋是"卅年同游子午山，归途见巴山兄之车，载红梅一枝，即得此图，子恺并记"。画面是一人坐在黄包车上，一枝红梅斜逸而出。无论人物造像、墓地实景，还是带有抒情意味的创作画，都具有丰氏漫画一以贯之的鲜明风格，画面简洁，线条流畅，情景交融。

　　一九四〇年初，正值抗战艰难时期，丰先生带着家眷老小，流离失所，一路颠簸到了遵义，才算安顿下来，先后租住在城郊罗庄和南坛的"星汉楼"。在遵义的两年多时间，是丰先生生活较为稳定的休养生息阶段。他在内迁遵义的浙江大学担任教职，教授《艺术欣赏》与《新文学》课程。又应开明书店徐调孚先生的敦请，续画《护生画集》，在开明书店出版了《护生画集》（正续合集），以及《子恺近作绘画集》《子恺近作散文集》《艺术修养基础》等。在遵义，丰子恺画了女儿丰一吟十二岁时学画画的漫画，并题陶渊明诗："盛年不重来，一日难再晨，及时当勉励，岁月不待人"。下面落款时间是"卅年七月于遵义"。这是令丰一吟甚感珍贵的父亲遗作。一直到第二年十一月，丰子恺应国立艺专陈之佛校长之聘，去该校任教职，他们全家才离开遵义去了重庆。在重庆教学之余，丰先生举办了他的第一次个人画展。

我在重庆公差，适与书友张南先生面晤，他以《子午山纪游册》见示，并承他信任，托我带回上海，请丰一吟老师题签。丰老师说记得在遵义的事情，爸爸那次祭扫归来，作画多幅，但不知具体数字，还参与编了《子午山纪游册》一书。只是，这本册子丰老师是第一次见诸，她觉得新奇难得。而于我来说，亦得以养眼，并成人之美，诚一段书林佳话耳。

李仲融的哲学旧著

　　农历立夏后，似乎夏天的脚步渐渐近了，明显的感觉是日长夜短，早晨五点起床，天已放亮。到了文庙旧书市场，但见车水马龙之状。赶快一个个地摊淘过去。二十世纪九十年代淘书，主题相对集中，专找民国年间的新文学版本，后来扩大到文史哲旧籍，都一网打尽。如此淘书，已成了"大杂烩"。一堆残书破纸拎回家，可是时下淘书常态。

　　当一眼看到《哲学思潮》的封面时，立刻被书名的书法字体所吸引，这应刻是非常熟悉的郭沫若题签手迹啊。在现代作家书法佼佼者中，郭沫若的字是可以与鲁迅比肩的。书名遒劲而灵动的行草，折射出文人的书卷气，是典型的郭氏风格。仅仅这四个字，就让我看得出神入化，品味之情不可名状。再看作者李仲融，一个非常陌生的名字，似乎从未见诸。熟悉与陌生，此刻竟形成如此鲜明的对照。按我的淘书经验，这样的书，一定不是等闲之书，立马决定淘下，回家细读吧。好在摊主一脸迷茫，什么都不懂，以很低廉的价格售与我了。

打开此书，前面有作者写于一九五〇年一月的《付印题记》，他说在新四军军部工作时的一九四四年冬季，就完成了书稿。当年因彭雪枫的邀约，他到淮北洪泽湖滨，为青年人讲西方哲学，受到彭的鼓励和青年的赞扬。不料，课程没有全部讲完，传来彭雪枫以身殉国的讣讯。"今天，著者回想五年前华中敌后斗争的艰苦状况，益使人对彭同志生时为人民革命事业忠贞英勇的精神追思仰慕不已！著者今以在淮北所草成的关于西洋哲学一部分讲稿，交书店印行，其意一方面在纪念彭同志之深厚的友情，并为其殉国五年祭，另一方面则以求教于海内宏达，俾于本书内的错误，能有所改正"。此书共分五章，即机械唯物论、主观唯物论、二元论、客观唯心论、辩证唯物论，每一章由若干节组成。从内容看，是哲学方面的高层次读物，因为，哲学是对人生真谛的拷问，也是对世界认知的钥匙。

不久后在一次淘书中，偶见《哲学概论》，开本版式与《哲学思潮》如出一辙，只是书名用了具有颜字风格的楷体，我不能马上确定，这书法出于何人之手，以文人能写颜体者推测，应该是楚图南，也只有他有资历为此书题签。此书按绪论、上篇世界观、下篇认识论三大部分论述，绪论中分四章，上、下篇中按概论及章、节进行分述。作者在《序》中说："本书系著者于一九四三年在华中敌后根据地讲授哲学时所编的讲义整理而成。本书旨在说明唯物论与唯心论为哲学上的两大基本派别，而这两大相反派别的斗争和发展，贯穿于阶级社会各个时代的思想中"。

好事还在继续。当我在居家不远处的"犀牛书屋"见到著者为李仲融的《佛学唯物论》时，同样不肯轻易放过。他在此书《序》中说："听欧阳竟无先生讲佛学，算起来，是三十年前的事了。当时著者留印象最深刻的，是欧阳先生精通佛理，因而他所讲的，自能左右逢源而不逾矩。三十年历史的变革，是何等巨大！但可惜的，是欧阳先生辞世多年，不能起而与学人们舒徐商讨，重估佛学之价值为憾事"。此书主要内容为：一佛教产生的原因；二释迦牟尼之身世及活动；三佛学的基本原理。简单说，这是一本以哲学原理来阐述佛学的小册子。

由此，我对李仲融的学术水平有了新认识，但对其人其事仍是朦朦胧胧。一日，偶然读到《作家通讯》上石湾写杜高先生的文章，文中写道："用如今社会上流行的话来说，杜高是名副其实的'红二代'。这是因为他的父亲李仲融不仅是一九二五年入党的老革命，而且原先与杨开慧还同在一个党小组，早就与毛泽东相识"。呵呵，终于找到解开心中疑团的线索了。我曾在北京参加诗人、剧作家鲁煤的创作研讨会上见过杜高，给他拍过照片，并有了联系。我赶紧拨通杜高家电话，杜老在电话中证实了父亲李仲融并作了简单介绍。至此，我的悬念算有了解答。

李仲融（1903—1980）为长沙人，哲学家、宗教学家，一九二五年由恽代英介绍入党，在大革命时期任广州、湖南农民运动讲习所政治教员，武汉工人纠察队政治教官。一九二七年回到长沙，与杨开慧在同一党支部，因叛徒出卖，先后被捕。杨开慧牺牲后，李仲融被家人保释，按党的指示，参加"左联"等革命活动。一九三六年在长沙组织剧社，后成为湖南中华民族解放先锋队负责人之一。西安事变后，与坚持敌后游击战争的项英、陈毅等取得联系，营救出多支红军游击队。一九四一年奉命到达新四军军部，担任新四军江淮大学和"高级干部班"教授。陈毅、谭震林、彭雪枫等一大批华东地区新四军高级将领都听过他的课。他的哲学专著，大多是他在讲义的基础上编成出版的。除我淘得的几种外，还有《希腊哲学史》《形式伦理学与辩证法》《辩证法唯物论》等。新中国成立后，他历任南京图书馆馆长、南京大学哲学系主任等。"文革"中被诬为出卖杨开慧的"叛徒"，受到猛烈批斗。此事层层报到最高层，毛泽东知道后说：李仲融同志我是了解的，他并没有出卖杨开慧同志。有了这一"最高指示"，李仲融算是有了"保护伞"。一九八〇年秋，他在南京去世，享年七十七岁。

以前，因为《大众哲学》影响甚大，知道红色哲学家艾思奇的姓名。而哲学研究上造诣颇深的李仲融，却鲜为人知。我进而想，如果他不是杜高父亲，至今可能不会引起更多人注意。如果不是因为李辉在潘家园旧书市场发现了杜高历史档案，并出版《一纸苍凉——杜高档案原始文本》，杜高也不会引起知识界、读书界的广泛关注。杜高少时受父亲影响，参加进步儿童文艺组织，抗战中进行抗日演剧活动。五十年代迭遭政治运动迫害，半生坎坷。新时期获平反后，曾任中国戏剧家协会书记处书记，中国戏剧出版社总编辑等。历史真的无法想象。

记得，有一次读杜高写的《和钱君匋先生的三次会见》，文中谈及父亲李仲融与钱君匋的深厚友谊。说父亲参加地下党的活动，却从不向钱君匋隐瞒真实身份，在从桂林去新四军根据地途经上海时，就避藏在钱君匋家中。这是一则革命家尊重、信任艺术家的文坛佳话。杜高极少谈及他的父亲，即使在最困难的岁月。这是我唯一见到的文字记载。

我所得三种李仲融旧著，均于一九五〇年至一九五一年间，由文光书店出版，发行人为陆梦生（1912—1987），其曾出版《国文杂志》，叶圣陶说"梦生同志一生勤奋，堪为出版工作者楷模"。记得多年前，上海书店出版社的资深编辑陆哨林老师曾对我说起，父亲陆梦生在新中国成立前开办文光书店，之后出版不少书，现在却很少见到，并嘱我留意找找。一个作者，连续在一家书店出版多种书籍，这至少说明，作者与出版方有着不同寻常的友情。我在淘书中多次购得文光书店的这些出版物，对于陆氏父子，对于李仲融和杜高父子，都是一种书缘啊！

后记

　　始终觉得，在出书不甚容易的当下，有机会出版新著，一定要有新意，有特色。我写作书话，前后约二十年了，也出版过几本书话集子，尽可能做到各具特点。那么，这册《书丛人影》与其他书话集相比，其特点更明显的是，人与书结合更加紧密了，而且更加凸显人的主体作用。没有人，哪来书。没有人，哪有书中的历历往事，包括书的写作、出版、流通、阅读、收藏，等等。

　　人是万物之灵。与书相关的人，是漫漫中华书文化历史的建设者。虽然，我常常先接触到的是书。在旧书地摊，在各种旧书店，当我淘得一册中意的书，首先看到的是书中的相关人物，比如作者、编者、出版者，书中涉及更多的人与事，书中承载着人的悲喜及其命运。我会循着人的线索，进行一番钩沉和追寻，以还原历史的真实。所以，我便从书及人，去打探作者的情况，然后争取倾听作者的陈述，那可能是历史亲历者的难得史料。当然，也有不少是先见人，后见书，比如，相识的文化老人，交往多了，彼此信任，老人会以赠书的形式，支持我的研究。对此，我是深铭于心。

比如罗洪，我偶然淘得其民国年间出版的小说集《儿童节》，然后知道她是从作家协会退休的老作家，曾长期任《文艺月报》《上海文学》编辑，现居住在近淮海路的吴兴路上一幢普通住宅内。通过造访，了解到，《儿童节》是罗洪第一部真正意义上的小说集，是巴金为她列入"文学丛刊"出版的，象征着她与巴金的友情。今年罗洪已届一百零六岁了，是现代文坛最为长寿的一位女作家。

在第一辑"书人之影"中，我选取了与这些健在的作者访谈篇什，其中最年轻的仅为五十岁左右，人物的年龄跨度达一个甲子。在我心中，这应该是一辑"友谊篇"。这是人与人之间信任的交往史，也是文艺史实的活化石。

还有一些作者，交往或没有交往过的。因为各种原因，他们已经离开了这个世界。我读他们的书，是与他们最好的交往，或写与他们曾经的交往，是一种追思，我可以把这辑称作"怀念篇"。

最后一辑，均是未曾谋面的已故之人，我只能通过他们的作品，来与他们进行默默对话，作心灵的交流。这里，由人而及书，重点写他们的人生际遇，写他们与自己著书的因缘际会。从严格分类来说，这应当是"书话篇"，而体现的仍然是人，是作者或书中之人。

当然，以写人为主的书话，不止这些。有些篇什已编入以前多种书话集中，就不再重复了。只是这本书话集，全是以人为中心的内容，这便是此书的特色。

书话该如何写，就如文章该如何写一样，众说纷纭，见仁见智。过去传统的书话，一般比较精短。现在的书话，已无长短之限，我所见长的超万字有之，几千字的不在少数。书话愈写愈长，因素多多。我总的想法，作为一种随笔体形式的散文，贵在精练。有话则长，无话则短，我当如此努力。

最后，要感谢朱金顺老师。他是我极少未谋一面的前辈学人。在书话写作和文史钩沉上，堪称一代大家。他是沪上丁景唐老先生最为信赖的当年"三个小友"之一（另两位是诗歌理论家孙玉石先生和已故鲁迅研究专家李伟江先生）。朱老师对丁老的敬重，是我见到的最为典范的尊师楷模。朱老师低调，一般不为别人作序。我私心想请朱老师作序，不知能否如愿，这个念想一直埋在喉口。一次，与丁老闲谈，谈到写作打算，我说想出一本以人为中心的新书话集。我试探着说："序言还没着落，蛮想请朱金顺老师写"。丁老听后立马接口说"好啊"！早些年，因丁老的牵线，得识朱老师。在通信与电话联络中，已使我获益匪浅。我知道，丁老很希望我多多向朱老师请教，也希望朱老师多多帮助我。以此来增加我与朱老师的友情，丁老的良苦用心我深铭于胸。过后，我在信中简单与朱老师复述此景，朱老师回信欣然允之："以我俩的关系，又有丁先生说'好啊'，我敢不写吗?！。"真是难为了"最怕写序"的朱老师。年逾八旬的他，书话篇篇精彩，考证扎实翔尽，其功夫在书话界是有口皆碑一致公认的。他的序文，为拙著增光添彩，更是我们"忘年交"的友谊象征。这篇序文，再次体现了景唐老和朱老师对后学的嘉勉与鼓励。书话之路该如何走，实在说不清楚。我只能对自己说，努力写吧！

韦泱
丙申之秋于海上东临轩